Die Riester – Leaks

Im zertifizierten Blindflug ins Altersvorsorge – Absurdistan!!

Wie ihr trotzdem stabil für eure Rente vorsorgt!!

Prolog: Mr. Blacksuit (Investmentbanker / Berater KMU)

Kapitel 20: Prominente-Top-Blogger über Riester & Rürup

Finaler-Testleser: Andreas D. (Diplom-Betriebswirt/Dortmund)

Buchcover – Design: Lindagraphicx / USA

Korrektorat: team abK & friends

Lektorat: team abK & friends

Rechtliche Beratung & Betrachtung: RA_in Izabella Weglarz-Mond (kanzlei-weglarz.de)

Zum Buch

Wir (Robert D. König + team abK) haben die einzelnen Kritikpunkte und Schwächen der jeweiligen „Riester-Sparform" nach bestem Wissen und Gewissen recherchiert und aufbereitet. Das Ganze mit oder ohne Ironie, Sarkasmus und einem provokanten Augenzwinkern. Dazu haben wir tausende Seiten Unterlagen gesichtet, hunderte Fachgespräche geführt und unzählige Stunden in Nachforschungen investiert. Auch haben wir unsere „herausgefilterten" Kritikpunkte noch einmal von absoluten Branchenkennern, die unerkannt bleiben wollen, unabhängig von uns prüfen lassen. Dieses Werk kann getrost als lesbares Sittengemälde verstanden werden, ja, schon als Satire in Buchform. Der Autor & das Team wünschen viel Spaß und noch mehr Kopfschmerzen beim Lesen.

Disclaimer

Die in diesem Buch vorgestellten Aktionen, Aktien und ETFs sind immer mit Risiken behaftet.

Alle diesbezüglichen Informationen, Gedanken, Prognosen, Ratschläge und Hinweise stellen keine Anlageberatung oder Empfehlung im Sinne des Wertpapierhandelsgesetzes dar. Sie dienen lediglich der Erweiterung des Horizonts und der Weiterbildung in finanzieller Hinsicht. Die Informationen wurden nach bestem Wissen und Gewissen recherchiert und aufbereitet.

Eine Haftung kann trotz gewissenhafter Prüfung der Sachverhalte nicht übernommen werden. Sollte sich der Leser des Buches die angebotenen Inhalte zu Eigen machen, so handelt er eigenverantwortlich.

+++++++++++++++++Warnung:+++++++++++++++++++

Das genaue Lesen und Verstehen dieses Buches kann das Vertrauen und Verhältnis zu „Ihrem" Bankberater, Versicherungsvertreter oder Finanzmanager erheblich stören oder gar auflösend wirken. Weiterhin sind Schlafstörungen sowie Altersvorsorge-Albträume möglich! Warnung Ende+

Impressum:

Robert D. König
c/o Bonacker-Klepping
Körner Grund 16
44143 Dortmund
riesterleaks@gmail.com

Alle Rechte vorbehalten.
Artikel 5 Grundgesetz

(1) Jeder hat das Recht, seine Meinung in Wort, Schrift und Bild frei zu äußern und zu verbreiten und sich aus allgemein zugänglichen Quellen ungehindert zu unterrichten. Die Pressefreiheit und die Freiheit der Berichterstattung durch Rundfunk und Film werden gewährleistet. Eine Zensur findet nicht statt.

Über den Autor:

Schon das erste Buch von Robert D. König (Das! Versicherungsberatungs Komplott) war ein Insider – Tipp und ein Underground-Erfolg. Mit diesem Buchprojekt nimmt sich König die Riester-Rente vor!! Robert D. König arbeitet seit über 20 Jahren in der Beratung und im Verkauf – damit das auch so bleibt, veröffentlicht er auch dieses Buch unter einem Pseudonym.

Schriften: Times New Roman / Times New Roman (kursiv)

Die in diesem Buch geschilderten Kritikpunkte wurden sorgfältig herausgearbeitet und beziehen sich auf den Tag der Veröffentlichung, spätere politische oder gesetzliche Veränderungen können nicht berücksichtigt werden. Abrufdaten und der Bezug auf Quellen sind sofort ersichtlich. Namen von Personen und Unternehmen sowie Orte und Zahlen wurden geändert. Überarbeitete Auflagen werden gesondert gekennzeichnet, der Titel, sowie die Schreibweise des Titels wurden bewusst gewählt.

Inhaltsverzeichnis

Inhaltsverzeichnis 7

Abbildungsverzeichnis 10

Prolog: Die Zukunft der Armen – die Armen der Zukunft! (by: Mr. Blacksuit) 11

1 Zwischensequenz und Anfang: König Kunde im Riester - Dschungel 16

2 Die GRV: Gestern, Heute, Morgen – im kompakten Überblick! 21

3 Das teilweise renovierungsbedürftige 3-Säulen-Haus (Modell Gesamtversorgung) 24

4 Der Raubbau an der GRV und die fatalen Folgen!! .. 28

5 Der 4-Gewinnt-Quadrant: Riester, Rürup, Maschmeyer und Schröder! 31

6 Die Funktionsweise der Riester-Rente 39

7 Erfolg der Drückerkolonnen: Riester im Versicherungsmantel! 44

8 Geträumte Luftschlösser: Wohnriester und Riesterdarlehen!! 57

9 „Dassch issst joa Invessstment-Porno": Riester-Fondssparpläne (kein Dinosaurier-Porno!) 65

10 Vertreters stabiler Geldautomat: Fonds-gebundene-Riester-Rentenversicherung! (Cash!!!) 70

11 Provisionsarmes Bankgeheimnis: Riester-Banksparplan (nur auf diskrete Nachfrage!) .. 75

12 Für Bärtige-Hippster-Bio-Spekulanten: Riester mit ETFs! (Transparent & Fair ?) 81

13 Neulich beim Internet-Vergleichs-Discounter: Riester als Nettopolice??! (Gut & Günstig?!) 85

14 Über den Tisch gezogen: Die Rürup-Rente! 89

15 Mindset und eigene (Finanz-) Bildung als beste Investition! 93

16 Aktionsplan für eure Altersvorsorge 99

17 Kurz gegoogelt: Alternativen & Webadressen zur Finanz- und Versicherungsbranche 106

18 Do it Yourself: Interessantes und Unbekanntes aus dem Internetz!! 110

19 (Fast) zu guter Letzt: Praxistest oder haben Sie schon einen Keks genommen? 113

20 Ein Fazit und ein elementarer Epilog 118

21 „If I had a blogger": Prominente-Top-Blogger über Riester & Rürup! 123

22 Die Riester-Realwert-Prognose-Z-Formel! (Was ist meine Rente wert!) 138

23 Dank! 148

24 Leak laut: de.wikipedia.org (abgerufen am 16.06.2016) 149

25 Ein völlig normales Glossar! 150

Abbildungsverzeichnis

Abbildung 1: Entwicklung der Altersarmut in Deutschland von 2003 – 2015. 15

Abbildung 2: Rentenentwicklung bis 2030. 23

Abbildung 3: Anzahl der Riesterverträge bis 2015 43

Abbildung 4: Renditeentwicklung mit 500€ ETF Sparplan 97

Abbildung 5: Entwicklung eines 100€ Sparplan im Zeitverlauf 100

Abbildung 6: Entwicklung der Kaufkraft mit 25, 50 und 75€ 144

Abbildung 7: Entwicklung der Kaufkraft mit 100, 200 und 250€ 146

Prolog: Die Zukunft der Armen – die Armen der Zukunft! (by: Mr. Blacksuit)

„Was heißt hier arm oder reich?" sagte meine Schwester zu mir. Hier einen Coffee2go für 3,99, dort einen Bio-Brennnessel-Smoothie für 4,99, zwischendurch noch Lebensmittel aus dem Kühlschrank für über 10,00€ wegwerfen (MHD rückt näher). Dann noch dem Tabakgott für 6,50 die Schachtel huldigen....schnell sind über 20€ einfach so verpufft. Davon könnten Bewohner in Mittel-Afrika wahrscheinlich mehrere Wochen lang (über)leben...!

Ich lebe in einer abbezahlten Multi-Level-Split-Wohnung im Speckgürtel einer westdeutschen Großstadt. Von meinem Gehalt und den Gewinnbeteiligungen als leitender Berater einer kleinen Strategie-Boutique habe ich mir sechs kleinere Wohnungen als Kapitalanlage gekauft, die auch schon kreditbefreit sind. Mein MB CLA 200 mit Vollausstattung (inkl. AMG-Exklusiv-Paket) hat über 55.000,00 € gekostet und ist das günstigste Fahrzeug auf unserem Firmenparkplatz. Die Fahrzeuge, die dort stehen, alles keine Bastelbuden, kosten Minimum das Doppelte. Selbst unser Praktikant, der hauptberufliche Sohn, fährt einen mattschwarzen Flachkäfer (Porsche). Eine Freundin von mir, alleinerziehend, zwei Kinder, Hartz IV, sieht mich wahrscheinlich als reich an. Für jemanden wie Gerald Hörhan, der ca. 200 Wohneinheiten besitzt, bin ich höchstwahrscheinlich recht arm!

Durchschnittlich werden in Deutschland ca. 28.590€ (Quelle: DAT / 2015) für einen PKW-Neuwagen ausgegeben, bin ich jetzt fast das 2fache reicher als der Durchschnitt, weil ich über 55.000€ ausgegeben habe? Noch kurz eine gedankliche Abschweifung: Ich habe die jupiterrote Coupé-Rakete mit funkelndem Diamanten-Grill und mattschwarzen AMG-Felgen cash bezahlt, die allermeisten Neuwagen heutzutage werden finanziert oder geleast!

Was heißt jetzt eigentlich arm oder reich?!

Die deutsche Sozialwissenschaft bezeichnet jemanden als arm, der weniger als die Hälfte des durchschnittlichen Einkommens verdient. Also sind nicht nur Bettler, Flaschensammler und Containertaucher arm, sondern noch einmal Millionen von Bundesbürgern mehr.

Dabei haben die Hartz-"Reformen" von 2003 bis 2005 die ganze Armutsproblematik stark beschleunigt. In Europa ist Deutschland mittlerweile das Land mit dem höchsten Niedriglohnsektor. Mittlerweile verdient jeder vierte Arbeitnehmer so wenig Geld mit seinem Job, dass er unter die amtliche Armutsschwelle rutscht. Einige der betroffenen Bedürftigen betteln dann beim „Jobcenter" um „Aufstockung", damit sie nicht im Müll von anderen Leuten „tauchen" müssen.

Die Armen haben nicht nur ein miserables Einkommen, sie haben auch kaum Möglichkeiten, Rücklagen zu bilden oder effektiv fürs Alter vorzusorgen.

Arme, Alleinerziehende, Ausländer mit geringen Deutschkenntnissen, Langzeitarbeitslose, Teilzeitbeschäftigte und dauerhaft Mindestlohnbeschäftigte sowie mehrere Hunderttausende Scheinselbstständige haben sehr gute Chancen, einen vorderen Sitzplatz in der Altersarmut zu bekommen.

Bis 2030 soll das Rentenniveau auf 43% abgeschmolzen werden:

Wer 40 Jahre 2100 Euro monatlich verdient hat, bekommt später gerade mal 840 Euro Rente. Damit fällt nach WDR-Recherchen jeder zweite 2030 unter die Armutsgrenze. (Quelle: WDR/Tagesschau/12.04.2016)

Da kommt ein Tsunami von Altersarmen auf uns zu, und die Zukunft der Armen ist nicht goldig, sondern eher Suppenküche, Containertauchen & Flaschensammeln und Co........

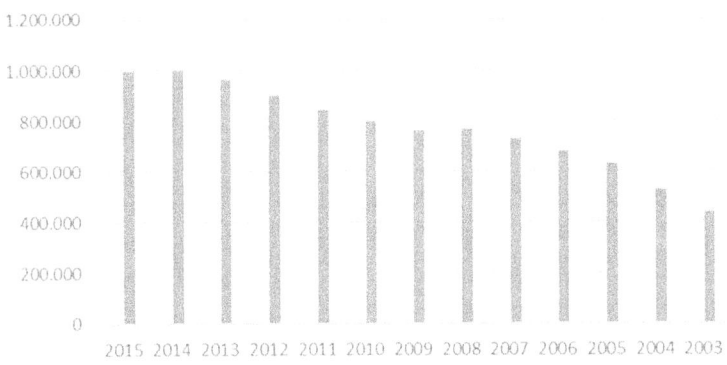

Abbildung 1: Entwicklung der Altersarmut in Deutschland von 2003 – 2015. [1]

---

[1] Quelle: http://de.statista.com/statistik/daten/studie/165570/umfrage/empfaenger-von-grundsicherung-in-deutschland/ , abgerufen am 25.06.2016

1 Zwischensequenz und Anfang: König Kunde im Riester - Dschungel

Auch nach über 5.000 Tagen Riester-Rente hören Kunden und Kritiker derselben immer wieder die gleichen Pro-Riester-Schlager-Gesänge: Sichere staatliche Zulagen, lebenslange Auszahlung und „lohnt sich doch für alle!"

Eine ganze Armada von Komaquatschern, Schlipswichteln und Drückerkolonnen sowie der Staat höchstselbst drängt, drückt und rät dringend alle(n) Rentenversicherten zum Abschluss eines Riester-Vertrages.

Eingeführt wurde das Riestern von Carsten Maschmeyer (Ironie / Satire on) und der rot-grünen Bundesregierung, um die Lücken im Umsatzplan und der gesetzlichen Rente zu schließen. (mehr dazu in den nachfolgenden Kapiteln -Ironie / Satire off).

Gerne präsentieren die Kapitalsammelbecken die Riester-Rente mithilfe von A-bis-D-Prominenten- Lautsprechern oder (gekauften) Finanzwissenschaftlern als „Eierlegende-Riester-Wollmilchsau".

Dann auch gerne auf der BaFin geprüften, ganz großen Bühne! Doch wer sich mal die Mühe macht, hinter den Vorhang der

Bühne zu schauen......findet sich schnell im Riester-Dschungel wieder.

Dort findet man dann: Bürokratiemonster, komplizierte Zulagenverfahren, unverschämt hohe Kostenquoten, sowie ca. 1800 Riester-Produkte (Welt,14.12.2013, S.15), die sich auf acht!! Riester-Sparformen verteilen.

Viele Kunden und deren Berater scheinen auch mit dem Zulagenmanagement vollkommen überfordert zu sein - so kamen Ende 2014 von über 16 Millionen Riester-Kunden, nur 6,4 Millionen Kunden (FAZ, 27.11.2014, S.17) auf die vollen Zulagen. Weniger als die Hälfte aller Riester-Kunden bekam Ende 2014 die vollen Zulagen, ein Armutszeugnis sondergleichen! Auch das gibt es nur in Deutschland!

Folgende Sparformen gibt es: Riester-Rente im Versicherungsmantel, Wohnriester mit Riester-Darlehen, Riester-Fondssparpläne, Fonds-gebundene-Riester-Rentenversicherung, Banksparplan mit Riesterförderung, Riester als Nettopolice und Riester mit ETFs, sowie Riester mit der betrieblichen Altersvorsorge kombiniert (BAV-Riester)

An dieser Stelle merken wir schon, dass es bei dieser vollkommen unübersichtlichen Auswahl den RIESTER (abgesehen von der natürlichen Person) gar nicht gibt.

Auch die Vertragsinhalte beziehungsweise die Vertragsgestaltungen sind kein Vorbild an Transparenz, eher im Gegenteil....die zertifizierte Katze im Sack, der im Dschungel liegt, trifft es wohl am besten. Bei manchen Vorsorgeprodukten, zum Beispiel den Riester-Fondssparplänen, ist teilweise noch nicht einmal klar, welche Versicherung dann in 30 oder 40 Jahren die monatliche Leibrente zahlt (ab dem 85. Lebensjahr), wie die Rechnungsgrundlagen sind und es ist kaum abzuschätzen, wie hoch dann die Kosten insgesamt sind. Nur eines ist sicher, die Rechnungsgrundlagen werden aus Kundensicht schlechter als heute sein, das ist garantiert.

Natürlich preist jeder sein Produkt als das Non-plus-Ultra an, der Versicherungsjogi die Riester-Rente im Versicherungsmantel, der Boss-Anzug-tragende-Finanzhai die Riester-Fondssparpläne und der biedere schwäbische Bausparvertreter sein Wohnriester oder auch Bausparriester genannt.

Wir haben viele Vertriebler auf diesem Gebiet getroffen, die eine ganz rosa-rote Firmenbrille (Sie können sich gerne eine Brillenfarbe Ihrer Wahl denken!) auf hatten, an Tunnelblick litten und nicht über den leeren Teller(rand) schauen konnten, außerdem extrem provisionsgierig waren. (weil: sonst Teller leer-Magen leer-Taschen leer-Kinder schreien-etc.etc.ppa.)

Nur gerade das hilft König Kunde im Riester-Dschungel nicht weiter.

Auch das Internet hilft, dank dubioser (gekaufter) Seiten, gefakten Bewertungen oder Semi-Prominenten-Bloggern, die als mediales Aushängeschild einer Gesellschaft oder eines Vertriebes herhalten, kaum weiter.

Auch die selbsternannten oder echten Verbraucherschützer switchen quer durch Merkels demokratische-smartHD-Monarchie, mit ihrer Meinung hin und her....mal werden Riester-Banksparpläne gelobt, vorher Riester-Fondssparpläne....und morgen?

Ein bekannter Herr einer noch bekannteren Test-Zeitschrift machte in letzter Zeit häufiger „Werbung" für eine bestimmte Gesellschaft, es ging um Riester mit ETFs. (Alles Huren, außer Omi!)

Am Ende des Tages muss jeder sich selbst informieren und kritisch hinterfragen, ob Riester der Richtige für ihn oder für sie ist. Wer kann und will schon beurteilen, was in 30 oder 40

Jahren ist? Vieles, was über mehrere Dekaden läuft, hat eine hohe Scheiterquote: Ehen, Lebensversicherungen oder Baufinanzierungen. Oder gerne alles in Kombination.

Sehen Sie dieses Buch als Navi App im Riester-Dschungel! (Auch wir sind gekauft, von IHNEN!!!)

2 Die GRV: Gestern, Heute, Morgen – im kompakten Überblick!

Eigentlich müsste es noch einen zusätzlichen deutschlandweiten Feiertag, was schreibe ich, eine ganze Feiertagswoche müsste es geben. Sie müsste die „Reichskanzler Otto von Bismarck Feiertagswoche" heißen. Warum und wieso gibt es sie nicht, werden jetzt viele denken.

Vor über 125 Jahren (1889) hatte Reichskanzler Otto von Bismarck ein Gesetz über die Invaliditäts – und Altersversicherung verabschieden lassen. Er war quasi der Rockstar der Sozialversicherungssysteme, lange bevor es Rockstars und Sozialversicherungen überhaupt gab.

In vielen weiteren Reformschritten ist daraus die gesetzliche Rentenversicherung (GRV) entstanden. Sie ist heute das größte soziale Sicherungssystem in Deutschland.

Durch die Reformschritte und Verbesserungen in ihrer über 110-jährigen Geschichte hat sich die GRV zur maßgeblichen Grundlage für einen finanziell gesicherten Ruhestand entwickelt.

Viele denken anscheinend beim Rentensystem an einem großen Topf, in den sie Monat für Monat und Jahr für Jahr Beiträge hineinschütten, um sie dann im Alter herauszuschöpfen.

Falsch! Das Rentensystem wird durch ein Umlageverfahren finanziert. Da das Kapital aus dem Umlageverfahren oft nicht reicht, um die GRV zu finanzieren, „schießt" der Staat Mittel aus dem Bundeshaushalt in die gesetzliche Rentenversicherung zu, um das System zu stützen.

Die heute arbeitende Generation sorgt solidarisch für die Renten der Eltern- und Großelterngeneration! Auch die Arbeitgeber werden zur Finanzierung der Rente mit herangezogen.

Die Beiträge der Rentenversicherung der versicherungspflichtigen Arbeitnehmer werden zur Hälfte von den Arbeitgebern getragen. (Parität)

Aktuell liegt das Rentenniveau heute (2016) bei ca. **48%** vom letzten Bruttogehalt. Schrittweise soll es weiter abgesenkt werden:

---> 2020 auf ca. **46%**

---> 2030 auf ca. **43%**

/Bis 2030 Absenkung des Rentenniveaus auf 43% - seit 2004 in § 154 Abs. 3 SGB VI festgeschrieben/

Nach Schätzungen des WRD wird sich 2030 jeder zweite Rentner in der Altersarmut wiederfinden.

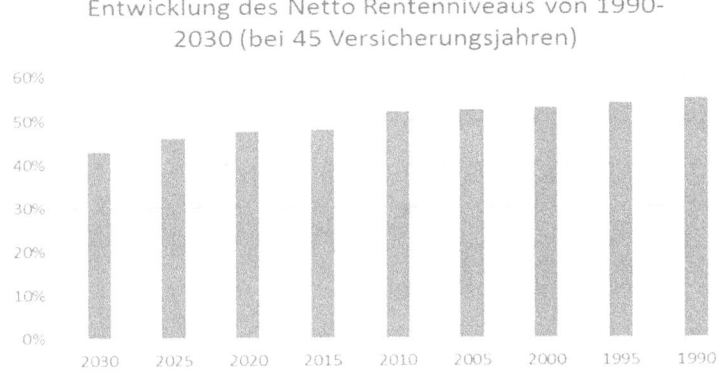

Abbildung 2: Rentenentwicklung bis 2030. [2]

---

[2] Quelle: http://www.sozialpolitik-aktuell.de/tl_files/sozialpolitik-aktuell/_Politikfelder/Alter-Rente/Datensammlung/PDF-Dateien/abbVIII37.pdf, abgerufen am 22.06.2016

3 Das teilweise renovierungsbedürftige 3-Säulen-Haus (Modell Gesamtversorgung)

Befassen wir uns jetzt mit dem 3-Säulen-Modell, dem historisch gewachsenen Alterssicherungssystem in Deutschland, so wie es momentan state-of-the-art ist.

Da es sich hier um ein kompaktes Buch handelt, fokussiert auf „Kritik an Riester und den unterschiedlichen Riester-Arten", werden wir nur grob auf das 3-Säulen-System der Alterssicherung in Deutschland eingehen.

Als 1. Säule sind die gesetzlichen Regelsysteme zu verstehen, die sich aus Folgendem zusammensetzen:

→ der Gesetzlichen Rentenversicherung

→ den Alterssicherungseinrichtungen für bestimmte Gruppen von Freiberuflern und Selbständigen

→ der Beamtenversorgung.

Die 2. Säule besteht aus der betrieblichen Altersvorsorge:

→ Zusatzversorgung für die Angestellten und Arbeiter im öffentlichen Dienst

→ der betrieblichen Altersvorsorge für die Beschäftigten in der Privatwirtschaft.

Die 3. Säule besteht aus der privaten Altersvorsorge:

→ Riester-Rente

→ Rürup-Rente

→ private Rentenversicherung.

Einige Fachleute & Experten gehen davon aus, dass man die bedarfsorientierte Grundsicherung im Alter (kurz: Grusi) als 4. Säule beziehungsweise Auffangnetz ansehen kann.

Das Niveau der Gesetzlichen Rentenversicherung soll ja bis zum Jahr 2030 auf **43%** abgeschmolzen werden. Damit bröckelt die 1. Säule immer mehr, in Zukunft können immer weniger Menschen von der GRV alleine auskömmlich leben. Es werden dann immer mehr Menschen von der „Grusi" unterstützt werden müssen.

Auch der zweite Stützpfeiler bröckelt stark! Immer mehr Berufstätige haben in ihrer Erwerbsbiografie eine vielfache-Anzahl von Arbeitgebern. Die Anzahl der Berufstätigen, die nach dem Studium, nach der Ausbildung ein Leben lang nur bei einem oder zwei Arbeitgebern beschäftigt sind, sinkt immer mehr. Früher eine Seltenheit, prägen heutzutage oft Arbeitslosigkeit, Jobwechsel und Umzüge die Lebensläufe. Auch die Anzahl der Arbeitsplätze in der Großindustrie; zum Beispiel Autoproduktion, Stahl, Produktion von technischen Geräten wird immer weiter abgebaut. Traditionell waren es solche Firmen, die auch eine betriebliche Altersversorgung groß und -tarifflächig angeboten haben. Viele Millionen Mindestlohnbeschäftigte haben außerdem weder die finanziellen Mittel noch den Kopf, sich um eine über mehrere Dekaden laufende betriebliche Altersvorsorge zu kümmern. Hinzu kommt, dass die betriebliche Altersversorgung nicht ganz frei von Nachteilen für die Angestellten und Arbeiter ist.

Die Finanz-Fach-Seite finanzen.de berichtete am 27.10.2015 (Betriebliche Altersvorsorge: Nachteile oft im Alter erkennbar) darüber.

Demnach entwickelt sich für manche Sparer diese Form der Altersvorsorge gar zum **Minusgeschäft**.

Es sei vielen Beschäftigten gar nicht bewusst, dass die **Auszahlung der betrieblichen Altersvorsorge (BAV) nachgelagert besteuert** wird.

Durch Nutzung einer BAV zahlt man auch **geringere Beiträge in die gesetzliche Rentenversicherung.**

Die Süddeutsche Zeitung (SZ), zeigte im Oktober 2015, in einem sehr anschaulichen Beispiel, dass sich die „**Nachteile der betrieblichen Altersvorsorge noch verstärken, wenn auf eine Rentenzahlung verzichtet und stattdessen eine Kapitalauszahlung gewählt wird**".

Auch die 2-Ebene bröckelt immer mehr ab.......

Es bleibt noch die 3. Säule.

In den folgenden Kapiteln werden wird auf die extremen Nachteile von Riester & Co. genauer eingehen und darlegen, dass solche Formen der Altersvorsorge keine Säule und keinen Stützpfeiler darstellen....höchstens ein Stützpfeilerchen!

Wir können also ganz ohne Übertreibung feststellen, dass das 3-Säulen-Modell teilweise renovierungsbedürftig ist.

4 Der Raubbau an der GRV und die fatalen Folgen!!

Während wir im Mai 2016 an dem Buch arbeiten, erscheint ein Artikel im Bereich Altersvorsorge auf pfefferminzia.de, darin wird der Demografie-Experte Axel Börsch-Supan zitiert:" ...das die Riester-Rente keine Altersarmut verhindert" „Wer das geglaubt habe, war naiv. "

Auch CSU-Chef Horst Seehofer hält die Riester-Rente für „gescheitert" und will „die Rückabwicklung der Riester-Rente". (focus.de / 08.04.2016 / Finanzen)

Auch das Nachrichtenmagazin Focus schreibt in seiner zweiten Mai-Printausgabe über die Altersvorsorge, dass „die Riester-Rente gescheitert ist".

In der ARD PlusMinus-Sendung vom 18.05.2016, in der hauptsächlich über die Ungerechtigkeiten bei der Betriebsrente gesprochen wird, wird schon im Vorfeld gesagt: „Nachdem die Riester-Rente unterm Strich mehr oder weniger ein Fehlschlag ist, hat die Große Koalition jetzt die Förderung der betrieblichen Altersvorsorge im Blick und will sie attraktiver machen."

Auch die WAZ (Westfälische Allgemeine Zeitung) schreibt in ihrer Print-Ausgabe vom 27.09.2016: (Artikel: Die richtige Strategie für die Altersvorsorge „doch viele Geringverdiener lassen trotzdem die Finger davon, weil sie rechnen können").

Auch schon früher wird festgestellt, dass sich die Riester-Rente für viele nicht rentierten wird, so Axel Kleinlein (Vorstandssprecher Bund der Versicherten) am 11.06.2012 in der TV-Sendung „Harry Hilft!". Er sagte: "Selbst die Riester-Rente, mussten wir feststellen, rentiert sich für viele nicht, obwohl es die staatlichen Zulagen gibt. Weil diese Produkte so schlecht gerechnet sind und dem Kunden dermaßen hohe Lebenserwartungen unterstellt werden, dass am Schluss, obwohl viel Geld da war, nur geringe Renten rauskommen."

Auf immer mehr Kanälen wird über die „Riester-Rente als Fehlschlag" berichtet. Beispielsweise hören wir im Mai 2016, dass „Riester keine Probleme löst" oder die Riester-Rente nur für wenige Kunden sinnvoll ist. Umso schlimmer, dass Raubbau an der Gesetzlichen Rentenversicherung betrieben wurde.

Durch die Agenda 2010 schuf die damalige rot-grüne-Bundesregierung in den Jahren 2003 – 2005 den gesetzlichen Rahmen, um einen großen Sozialabbau voranzutreiben.

Am 21. Juli 2004 beschlossen die damaligen Regierenden, das Rentenniveau von derzeit ca. **48%** im Jahr 2020 auf **46%** und im Jahr 2030 auf **43%** abzuschmelzen. Und 2008 beschloss die Große Koalition das RV-Nachhaltigkeitsgesetz, in dem u.a. die Regelaltersrente auf 67 Jahre angehoben wurde. So ging der Sozialabbau weiter. Die Leute dürfen länger arbeiten und erhalten dafür weniger Rente.

Bereits am 30.10.2015 war auf focus.de zu lesen, dass BDI-Chef Ulrich Grillo die Rente mit 85 Jahren für denkbar hält. (Verrückt)

5 Der 4-Gewinnt-Quadrant: Riester, Rürup, Maschmeyer und Schröder!

Schon vor Jahren wurde über diese vier viel gemunkelt, über eine erschreckende Verstrickung von Politik und Finanzwirtschaft. Die vier sind Teil des 4-Gewinnt-Quadranten.

Sie haben direkt und indirekt von der Einführung der Riester – und Rürup-Rente profitiert, wobei alle vier persönlich nicht von der Absenkung des gesetzlichen Rentenniveaus betroffen sind. Diese vier Herrschaften müssen auch nicht befürchten, im Alter in der bedarfsorientierten Grundsicherung zu landen.

Da wäre:

Carsten Maschmeyer, der eloquente, Colgate-perlweissstrahlende, ewig jung gebliebene Unternehmer. In den 80er Jahren trug er noch einen „Pornobalken" (Schnäuzer) und war Chef der Strukki-Bude, pardon des Strukturvertriebs AWD (Allgemeiner Wirtschaftsdienst Deutschland). Maschmeyer spendierte dann seinem Freund, der zu der damaligen Zeit noch kein Kanzler war, eine schicke Wahlkampfanzeige, die groß in Zeitungen gedruckt wurde: „Der nächste Kanzler muss ein Niedersachse sein!". Es war ihm damals 650.000 DM wert, diese Werbekampagne (Spiegel Online, 18 September 2002, Die mysteriöse Anzeige gegen den Äh-Kandidaten). Es war sicher nicht der einzige Grund, warum **Gerhard Schröder** 1998 Kanzler wurde, aber es wirkte wie ein Turbo im Rennen kurz vor Schluss.

Einige Jahre später, es war Schröders letzter Wahlkampf, gab es von seinem Dauer-Freund noch einmal eine ordentliche Gelddusche, so zahlte Maschmeyer 2.016.380,37 Euro an Schröder für die Rechte an seiner Autobiografie (SZ.de, 13. November, 2014, Eine-Brutto-Netto-Freundschaft).

Eine Kürzung der gesetzlichen Rente einerseits und die Einführung der Riester – und Rürup-Rente andererseits waren natürlich hervorragende Hebel, um den Drückerkolonnen und Provisionspiraten à la Strukkis & Co. satte Umsätze zu bescheren. Da bei einem Strukturvertrieb der Löwenanteil der Provisionen und Bonuszahlungen nach oben Richtung Strukturspitze abgegeben wird, partizipierte Maschmeyer extrem von der Einführung der neuen „Privat-Renten". So extrem, dass sein Vermögen Ende 2010 auf 650 Millionen Euro geschätzt wurde(zeit.de, 9.11.2010, Carsten Maschmeyer – Schein und Sein). 2013 kam eine weitere Schätzung sogar auf über eine Milliarde.

In Maschmeyers Netzwerk finden sich viele hochrangige aktuelle und ehemalige Politiker(M/W) – neben Gerhard Schröder, Christian Wulff, Philipp Rösler und Ursula von der Leyen (spiegel.de, 14.11.2014, Das Netzwerk des AWD-Gründers).

Mit dem ehemaligen Wirtschaftsweisen **Bert Rürup** gründete er 2010 die MaschmeyerRürup AG, eine gewisse Zeit lang war er Vorsitzender dieser Gesellschaft (lobbypedia.de, aufgerufen am 25.05.2016), bis diese 2013 liquidiert wurde.

Am 27. Oktober 1998 wurde **Gerhard Schröder** zum siebten Bundeskanzler der Bundesrepublik

Deutschland gewählt. Ein bisschen Angeberwissen: Er war bislang der einzig deutsche

Bundeskanzler, der von der Möglichkeit Gebrauch machte, den Eid auf das Grundgesetz ohne religiöse Beteuerung zu leisten.

Mit der schon oben zitierten Agenda 2010 brachte Schröder eine Reform des Sozialsystems und des Arbeitsmarktes auf den Weg, welche unter anderem mehr Eigenverantwortung und eine Kürzung staatlicher Leistungen für Arbeitslosengeldempfänger bedeutete.

Das umlagefinanzierte Rentensystem wurde vom damaligen Sozialminister **Walter Riester** zu einer Hybridform aus kapitalgedeckter Altersvorsorge und Umlagefinanzierung umgebaut, was zu einer Kürzung staatlicher Leistungen in der gesetzlichen Rentenversicherung führte.

Davon profitierte neben Maschmeyer die gesamte deutsche Versicherungswirtschaft, das Riester-Rürup-Modell bot ein Füllhorn voller Möglichkeiten, um Umsatz zu generieren und den Gewinn zu maximieren. Auch tauchte in der Vergangenheit ein 9-minütiges Video im Internet auf, in dem die Namen Schröder und Maschmeyer fallen, im Zusammenhang mit verbotenen Parteispenden (Quelle: NDR / Panorama / Schröder: Verbotene Parteispenden / 28.04.2011).

Um seine Altersabsicherung muss sich der ehemalige **Sozialminister Walter Riester** wahrlich keine Sorgen machen.....!!!

Er könnte seinen Lebensabend auf einer sonnigen Insel verbringen, Bücher lesen und den ganzen Tag Cocktails trinken und sich bewirten lassen. Schließlich hat er mit der nach ihm benannten Rente ordentlich abkassiert und seine persönliche Rentenkasse vollgemacht.

So hielt oder hält Herr Riester bezahlte Vorträge unter anderem bei der Allianz, bei AWD (solange es den noch gab), bei der BB-Bank, DVAG, DEVK, Nürnberger Versicherungsgruppe, Sparkasse Einbeck, den Universa Versicherungen und bei anderen Versicherungen und Struktur-Vertrieben.

Er lieferte durch seine Vortragsarbeit den Treppenterriern, Telefonterroristen und Klingelbimmlern, neue Impulse und „Munition", sprich Verkaufsargumente für ihre tägliche Arbeit. Auch für einige Schnappschüsse (neudeutsch: Selfies) mit AWD-Vertrieblern vor einer AWD-Werbewand reichte seine extrem gut bezahlte Zeit. Für Verkäufer ein klasse visueller Verkaufssupport....Weiterhin war Herr Riester auch in einem AWD-Werbevideo bei einem Schachspiel mit Herrn Maschmeyer zu sehen, das AWD-Logo war dabei unübersehbar (Quelle: Internet: Maschmeyer kauft Riester + Rürup / Youtube / 28.01.2011 / hochgeladen von sunnydyl / abgerufen am: 10.07.2016).

2007 berichtete der Spiegel, dass Riester pro Extrajob mindestens 7000 Euro Honorar bekommt (Der Spiegel 37 / 2007).

Wofür Facharbeiter zwei Monate und mehr ackern müssen, strich Herr Ex-Sozialminister in wenigen Stunden Vorträge locker-flockig ein.

Was glauben Sie, mit welchem Geld die Gesellschaften das bezahlen?

Richtig, mit **Ihren** Monats-Quartals – und Jahresrechnungen!

Außerdem generierte Walter Riester zusätzliche Einnahmen als Mitglied des Aufsichtsrats von Union Investment, in der Zeit von 2009 – 2012. Pikanterweise war / ist Union Investment der größte Anbieter von Riester-Fondssparplänen....wahrlich ein Schelm, wer sich dabei seinen Teil denkt.

Der Vierte im Bunde ist

Hans-Adalbert Rürup (geb. 7. November 1943 in Essen), ehemals geboren im Krieg, ehemaliger Wirtschaftsweiser und ehemaliger Chefökonom und Berater beim ehemaligen Finanzdienstleister AWD. Da wir gerade beim ehemaligen sind: zwischen 1999 – 2001 war Rürup Mitglied im Expertenkreis des Bundesarbeitsministers zur Vorbereitung der Rentenreform 2001 sowie ehemaliges Mitglied des Vorstandes der MaschmeyerRürup AG.

Wir könnten beim Hans-Adalbert noch über mehr als zehn weitere ehemalige Jobs / Positionen etc. schreiben, aber das erhöht die Druckkosten dieses Buches zu sehr und schmälert unseren Gewinn!

Nur noch dies: Rürup war auch Aufsichtsratsvorsitzender der AXA-Pensionskasse von 2002 bis 2003. Und er war Vorsitzender des Kuratoriums des Deutschen Instituts für Wirtschaftsforschung (DIW).

Rürup war **systemrelevant** für den Wechsel von einer umlagefinanzierten Gesetzlichen Rente zu einem Hybridsystem aus einer solidarisch finanzierten Rente und einer privaten Zusatzversorgung (Riester-Rente, Rürup-Rente, Privat-Rente).

Er hat für Versicherungen, Fondsgesellschaften, Banken und Bausparkassen das Tor zu einem gigantischen Markt geöffnet - zu einer bis heute sprudelnden Ölquelle.

Auch er wird seinen Lebensabend nicht in Altersarmut verbringen........

(Anmerkung des Autors: Wer sich noch intensiver für die Verstrickungen von Politik und Finanzindustrie interessiert, dem sei das spannende Buch „Geld, Macht Politik" aus dem Droemer Knaur Verlag empfohlen)

So setzt sich der 4-Gewinnt-Quadrant zusammen (Satire on): ein Ex-Bundeskanzler, ein Ex-König der Klinkenputzer, der den Hütchenspielerverband AWD (Alles Weg Danke!) gründete, sowie ein Ex-Minister und ein Ex-Wirtschaftsweiser. Na dann schönes Leben noch! (Satire off)

(Anmerkung des Autors: Natürlich war der AWD kein Hütchenspielerverband und auch kein Alles Weg Danke! - Verein, sondern ein vollkommen seriöser + legaler Finanzdienstleister, der mittlerweile nicht mehr existent ist!!!)

6   Die Funktionsweise der Riester-Rente

Die Riester-Rente ist eine private Rente, welche durch staatliche Zulagen und durch den Sonderausgabenabzug gefördert wird. Hier eine Übersicht, wie sich die Riester-Rente entwickelte:

Die staatliche Förderung wurde durch das Altersvermögensgesetz (AvmG) im Jahr 2002 eingeführt. 2005 wurden die Zertifizierungskriterien von 11 auf 5 reduziert, dies sollte die Akzeptanz beim Kunden erhöhen.

Um die Verkaufszahlen, schöner gesagt, die Verbreitung zu steigern, wurde die Auszahlung der Vermittlerprovisionen auf einen Zeitraum von 5 Jahren beschränkt.

Diese und noch weitere Punkte wurden im Alterseinkünftegesetz zusammengefasst, welches 2005 in Kraft trat.

Gemäß einer EU-Richtlinie müssen alle ab 2006 angebotenen Tarife Unisex-Tarife sein. Da Frauen eine höhere Lebenserwartung haben als Männer, führte dies zu einer Verschlechterung der Leistungen für Männer. Für gleiche Leistungen müssen Männer seit dem 1.Januar 2006 ca. 6,5% mehr Beiträge aufbringen, für die gleiche Rentenleistung wie bisher.

Auch in den folgenden Jahren wurden die „Rechts-Kleider" für Riester immer mal wieder neu geschneidert, modernisiert und von der Politik angepasst.

Streng betrachtet ist die Riester-Rente ein Zwei-Phasen-Produkt. In der ersten Phase werden die Beiträge in der Ansparphase vom Staat durch Zulagen und / oder Steuervorteilen gefördert.

Ab der zweiten Phase sind die Leistungen der Riester-Rente in der Auszahlungsphase voll einkommensteuerpflichtig (nachgelagerte Besteuerung).

Es gibt für die, die „riestern" wollen, einige verschiedene Zulagen in unterschiedlicher Höhe, fragen Sie bitte den Finanzhasardeur ihres Vertrauens. Weiterhin gibt es eine steuerliche Absetzbarkeit der Beiträge im Rahmen eines eigenen Sonderausgabenabzugs bis maximal 2.100,00 Euro jährlich.

Eigentlich wetten Sie bei Riester auf Ihr langes Leben (z.B. 125 Jahre) und gegen die Versicherungsmathematiker. Unser Tipp: keinen Alkohol, keine Schokolade, viel Sport und gesunde Ernährung.

Es gibt quasi vier Riester-Ausgabestellen: Versicherungen, Banken, Bausparkassen und Fondsgesellschaften.

Dabei gibt es acht verschiedene Riester-Sparformen:

- Riester im Versicherungsmantel
- Wohnriester
- Fonds-gebundene-Riester-Rentenversicherung
- riestergeförderte Fondssparpläne
- riestergeförderte Banksparpläne
- Riester mit ETFs
- Riester als Nettopolice
- BAV-Riester.

Aufgrund der geringen Verbreitung lassen wir Riester in der betrieblichen Altersvorsorge mal außen vor. Nur der Vollständigkeit halber: es gibt drei Wege in den Bereichen Direktversicherung, Pensionskasse und Pensionsfonds.

Ein nicht unerheblicher Nachteil der betrieblichen Riester-Rente liegt darin, dass für alle gesetzlich Krankenversicherten die Sozialabgaben in der Auszahlungsphase doppelt berechnet werden. Auch bietet diese Form der betrieblichen Rente kaum Flexibilität. Im Falle eines Jobwechsels, was ja heute häufiger vorkommt, ist die Mitnahme bei Pensionsfonds und Pensionskasse mit einem erheblichen Aufwand verbunden – ein regelrechter Krampf.

Auch eine plötzliche Arbeitslosigkeit stellt die Betroffenen vor größere Probleme.

Aufgrund der extrem geringen Verbreitung & des nur marginal vorhandenen Interesses ist BAV-Riester für uns nicht **Buchrelevant.**

Auch nicht **Buchrelevant** ist Riester im Versicherungsmantel kombiniert mit einer Lebensversicherung. Zu den vielfältigen Nachteilen wurden – werden je nach Anbieter noch 2x Abschlussgebühren fällig, einmal für die Riester und einmal für die LV. Für die Versicherungsgesellschaft wahrlich ein klasse Geschäft. Dazu ist auf fokus.de, ein spannender Artikel zu lesen. (Fokus.de, 09.09.2016, Kunden um Milliarden geprellt: Gericht verbietet Doppel-Gebühr bei Riester-Rente)

Abbildung 3: Anzahl der Riesterverträge bis 2015 [3]

---

[3] Quelle: http://de.statista.com/statistik/daten/studie/39412/umfrage/an-zahl-der-abgeschlossenen-riester-vertraege/ , abgerufen am 01.07.2016.

7 Erfolg der Drückerkolonnen: Riester im Versicherungsmantel!

Meistens tragen sie schicke Anzüge (früher sehr häufig in Schwarz mit weißem Hemd), mal mit, mal ohne Designer-Galgenbinder (Krawatte). Die ganz Edlen unter ihnen kommen sogar mit Einstecktuch und goldenem Steck-Firmenlogo am Sakko. Die Kreativen tragen dazu rote Socken (sieht der Kunde / Kundin in der Regel nicht), sie haben ein weißes i-Phone, nur die wahrlichen Rebellen tragen braune Schuhe zum schwarzen Anzug.

Die Weibchen kommen entsprechend im Kostüm oder locker-lässig-elegant-sportlich-paarungsfreudig.

Natürlich (Ironie on) sind sie keine „normalen" Vertreter oder Verkäufer. Nein, sie sind etwas Besseres, sie nennen sich Bezirksleiter, Manager, Organisationsleiter, Hauptagenten, Generalagenten, Generaldirektoren, Direktionsleiter oder Direktor, Vermögensbeauftragte oder Finanzwirte und vieles mehr.

Böse Zungen behaupten, es seien hauptsächlich (Ausnahmen bestätigen die Regel) Komaquatscher, die unter Sprech-Durchfall litten, Drücker, Treppenterrier, Provisionspiraten, Schlipswichtel und vieles mehr.

Natürlich hat jeder von ihnen einen supertollen Prospekt mit supertollen Produkten (zumindest auf dem Tablet) parat. Seine jeweilige Gesellschaft hat viele Auszeichnungen erhalten, sehr gute Testergebnisse, Zertifizierungen undundund….

x(Lieber Kunde schau mal, wir sind ja in einem vollkommen unabhängigen Test (Lachkrampf) schon wieder Testsieger geworden....)x

Wenn ich diese ganzen Auszeichnungen etc. sehe, bekomme ich nur noch einen Krampf. Das erinnert mich an den Pausenhof in der Schule („Wenn Du der Mareike sagst, dass ich sie gut finde, bekommst Du einen Kaugummi"). Heutzutage werden Auszeichnungen, Testergebnisse und Zitate angeblich neutraler Personen einfach so gekauft, wie meine Oma Äpfel auf dem Markt gekauft hat (Ironie off).

In den allermeisten Fällen sind diese Verkäufer draußen anzutreffen, da sie oft ja auch keinen Arbeitsplatz (das würde ja einen Platz zum Arbeiten voraussetzen) haben und oft auch keinen Arbeitgeber, sondern einen Vertragspartner.

Wenn diese Verkäufer nicht draußen unterwegs sind, dann sitzen Sie bei Ihnen auf der Ikea- Couch, essen Ihre teuren Kekse auf, trinken Ihren Bio-Kaffee und erzählen Ihnen, Sie müssten **unbedingt Riestern, weil sonst die Welt untergeht. Mindestens!!! Und überhaupt Ihre Rentenlücke in 45 Jahren, aber DAMIT bekommen Sie so eine SUPER-DUPA-TOLLE-BÄRENSTARKE-Riester-Rente!!**

Auf jeden Fall haben diese Damen und Herren maßgeblich dazu beigetragen, dass es Ende 2014 schon über 16 Millionen Riester-Verträge gab und 67,5 % waren davon Versicherungsverträge. (Versicherungsjournal, 24.03.2015, So riestern die Deutschen)

Da haben die Herrschaften, die in Versicherungen reisen, ganze Arbeit geleistet. Gratulation und Mahlzeit, wir hoffen, die Provisionen haben geschmeckt.

Die Geldsammelbecken freuen sich natürlich über viele Millionen neue Kunden, die über Jahrzehnte hin einzahlen und dann noch einmal Jahre am Tropf der Versicherung hängen und hoffentlich früh sterben (Risikoüberschüsse)!

Über die **Nachteile** von Riester im Versicherungsmantel wird nicht so gerne **GESPROCHEN...**

Dabei hat diese Form des „Riesterns" mehr als elf heftige Nachteile für die Kunden.

Wir werfen sie mal in die Schüssel: Kostenquoten, Niedrigzinsproblematik, Qualität der Verträge, Sterbetafeln der Versicherungen, nachgelagerte Besteuerung, fehlende Transparenz, bedarfsorientierte Grundsicherung, fehlendes volles Kapitalwahlrecht, früheste Auszahlung, keine dynamische Anpassung der Förderung und als Schluss-Hammer: Sicher ist, dass nichts garantiert ist. Noch nicht bitter genug: Extrem hoher bürokratischer Aufwand (führt zum gläsernen Bürger) und Scheidungsfalle.

Na dann, guten Appetit.

Und noch nicht genug der Probleme: vom Einbau eines weichen Rentengarantiefaktors über Treuhänderklausel, Deckelung des Steuervorteils bis hin zum Wohnort in der Auszahlungsphase.

Wir gehen jetzt auf die gigantischen Nachteile mal einzeln ein.......

Die **Kostenquoten** stellen eine erhebliche Problematik für Kunden dar, die sich für eine Riester-Rentenversicherung mit einer Versicherung als Ausgabestelle entschieden haben.

So ermittelte das MEA Institut bereits 2013 in einer Studie, dass die untersuchten Riester-Verträge bereits in der Ansparphase bis zu fast 20% Kostenquote beinhalten (der teuerste Vertragsfall).

Es gibt sogar Berechnungen, da wurden Kostenquoten von 30% und mehr ermittelt. (Capital, 10/2012, S. 154)

Der Mittelwert in der Ansparphase lag immerhin bei üppigen ca. 12% Kostenquote. Die Abschlusskosten werden innerhalb der ersten fünf Jahre fällig und zehren einen guten Teil" der Zulagen und Garantiezinsen auf. Für eine positive Vertragsentwicklung direkt am Anfang ist dies natürlich extrem hinderlich.

(Anmerkung des Autors: Die Studie konzentriert sich auf die klassischen Riester-Rentenversicherungen.)

Die **Niedrigzinsproblematik**, hat längst auch die Riester-Verträge erreicht. Konnten sich Riester-Sparer der „ersten Stunde" noch freuen und bekamen über 3% Verzinsung auf ihren Sparanteil, so wurde das Bild mit den Jahren immer düsterer.

Lag der Garantiezins 2014 noch bei 1,75%, so wurde er bereits 2015 auf 1,25% weiter abgesenkt.

Immerhin eine Absenkung von ca. 30%. Von der realen Inflation wollen wir an dieser Stelle gar nicht sprechen. Weitere Absenkungen des Garantiezinses sind durchaus möglich und schon in Planung, 2017 soll der Garantiezins auf 0,9% abgesenkt werden.

Die beiden vorausgegangenen Punkte spielen natürlich für die **Qualität der Verträge** eine nicht zu unterschätzende Rolle. Das Riester-Qualitäts-Barometer sinkt immer weiter ab. So haben sich bereits 3.650 Tage nach Einführung der Riester-Rente, die garantierten Rentenzusagen für neu abgeschlossene Verträge fast halbiert (Finanztest 10/2012, S. 25 / Die Garantieleistungen bei der Allianz und der Debeka lagen im Jahr 2012 nur noch bei 52% und 51% verglichen mit dem Riester-Startjahr 2002). Weitere Gründe für diese extreme Halbierung der Garantieleistungen waren die Einführung von Unisex-Tarifen sowie die Einführung einer neuen Sterbetafel.

Diese **Sterbetafeln der Versicherungen** haben für den Kunden natürlich negative Auswirkungen.

So rechnen die Versicherungsgesellschaften nicht etwa mit Zahlen des Statistischen Bundesamtes, sie verwenden je nach Produkt eigene Tabellen, die die DAV (Deutsche Aktuarvereinigung) festlegt. Nach ihren Zahlen werden die heute Mittdreißigjährigen Frauen fast 100 Jahre und die Männer fast 95 Jahre jung. Das sind im Schnitt stolze zehn Jahre mehr, als das Statistische Bundesamt voraussagt. Die einträgliche Konsequenz für die Gesellschaften: Das gesamte gebildete Kapital wird über ein längeres Zeitfenster verteilt und so fallen die Renten deutlich geringer aus. So ergeben sich für die Versicherungen schön hohe Sterblichkeitsgewinne, da wahrscheinlich nur ein geringer Teil der Kunden so alt/jung wird.

Auch die **nachgelagerte 100% Besteuerung mit dem dann gültigen individuellen Steuersatz** ist für das Auskommen der Bürger, die riestern, im Alter kontraproduktiv. Der Staat holt sich im Alter seine Geschenke zurück, die Riester-Rente wird voll besteuert (zu 100%), wobei die dann gültigen Freibeträge jetzt noch völlig unbekannt sind.

Weiterhin wird die **fehlende Transparenz** in der eingangs erwähnten Studie kritisiert. Bei nur 36 untersuchten Verträgen findet sich eine Fülle von Kostenstrukturen, Kostenarten und Bezugsgrößen, die nur teilweise präzise definiert sind und so zu einer großen Intransparenz führen. Selbst viele der so genannten Berater oder Finanzexperten verstehen die Verträge nicht bis ins kleinste Detail. Wie soll Sie dann „Otto Normalkunde" verstehen?....(Ein Schelm, wer Absicht dahinter vermutet....)!

Eine Anrechnung der Riester-Rente auf die **bedarfsorientierte Grundsicherung**, findet nach §41 Abs.2 i.V.§§ 82 ff. des SGB XII statt. Also Abzug vom Grundsicherungsbetrag. Das heißt im Klartext, jemand bekommt 550€ staatliche Rente und noch 100€ Riester-Rente dazu, dann kann er auf ca. 700€/Monat (schwankt je nach Stadt / Bundeland) „aufgestockt" werden. Jemand, der in seinem Leben nie gearbeitet hat und auch nie in „Riester" eingezahlt hat, hat ebenfalls einen Rechtsanspruch auf die ca. 700€ bedarfsorientierte Grundsicherung. Also, für Millionen und Abermillionen von Mindestlohnjobbern, Aufstockern, Lohnsklaven, Langzeitarbeitslosen, Zeitarbeitern etc. wird die Riester-Rente im Alter in der „Grusi" höchstwahrscheinlich verpuffen.

Ein weiterer Negativpunkt ist das **fehlende volle Kapitalwahlrecht.**

Das volle Kapitalwahlrecht bleibt den Riester-Jüngern bei Rentenbeginn verwehrt. Die angesparten Beiträge und Zulagen werden immer als lebenslange Leibrente ratierlich ausgezahlt. Die Versicherungsnehmer dürfen maximal 30% des angesparten Guthabens zu Beginn der Rentenleistung entnehmen. Es sind zwar theoretisch höhere Entnahmen und sogar eine Auflösung des Vertrages möglich, dann müssen aber Steuervorteile und gewährte Zulagen zurückgezahlt werden.

Da wir gerade bei Negativpunkten sind, hier ein weiterer: **Die früheste Auszahlung!**

Die Riester-Rente kann frühestens ab dem 60. Lebensjahr bezogen werden. Gesteigert wird dies noch durch die Untergrenze für Verträge ab 2012. Dann erst ab dem 62. Lebensjahr. Zwar kann die Rente auch eher in Anspruch genommen werden, dann müssen aber.....Vorhang auf....Steuervorteile und Zulagen zurückgezahlt werden.

Und es gibt **keine dynamische Anpassung der Förderung!**
Bedeutet in Klarschrift: Wenn Sie als Kunde durch hoffentlich verdiente Gehaltssteigerungen mehr verdienen, dann müssen

Sie bei Riester auch immer mehr zahlen, der Wert der Förderung nimmt also ständig ab. Eine klassische Inflations-Situation.

Wir nähern uns dem Höhepunkt der negativen Eigenschaften der klassischen Riester-Rentenversicherung: Es ist sicher, dass nichts sicher ist oder anders ausgedrückt, „**Nichts ist garantiert, garantiert.**"

Wer glaubt, Riester-Kundengelder seien für alle Zeiten „sicher und in Stein gemeißelt", der irrt gewaltig. Im Gegenteil, Kundengelder sind nicht sicher (s.a. ganz genau §89 VAG, ab 2016 § 314, VVG §§ 153, 163, 169 und natürlich die Satzung Protektor), es besteht keine „Mündelsicherheit", es gibt keine garantierte Rente, die Rente kann vom Anbieter nach VVG §163, VAG § 314 gekürzt werden, es besteht keine „Staatsgarantie".
Die Essenz hieraus: „Garantiert ist, dass nichts garantiert ist!"

Den **hohen bürokratischen Aufwand** lassen wir auch nicht unter den Tisch fallen.

Sie müssen als Riesterkunde jedes Jahr neu schauen, überprüfen, alle Gehaltsveränderungen müssen gemeldet werden - der durchsichtige gläserne Bürger/Kunde par excellence.

Drum prüfe, wer zusammen ewig riestert, es droht die **Scheidungsfalle.** Es gibt schon etliche, die in der Scheidungsfalle gelandet sind. Die Versicherung muss nämlich die Riester-Rente nach einer Scheidung oder Kündigung nicht auszahlen, bevor es nicht einen Beschluss über den Rentenausgleich gibt.

Natürlich haben es ganz Schlaue schon bemerkt, wir haben mehr als elf schwerwiegende Nachteile aufbereitet, aufgezählt und definiert. Sie glauben, dass es das war es an Nachteilen? Zu früh gefreut.

So gibt es bestimmte Gesellschaften, die in ihren Riester-Verträgen eine ganz besondere Spezialität eingebaut haben und zwar den **weichen Rentengarantiefaktor.**

Das ist, salopp gesagt, eine super Notausgangstür für die Versicherungen und Gesellschaften. Wenn sich über die Jahre und Jahrzehnte hinweg die Geschäfte nicht so entwickeln wie erwartet und ihr habt einen zum Beispiel Rentengarantiefaktor von 50% im Vertrag stehen, dann kann die Versicherung die garantierte Rente um die **Hälfte!!!!** kürzen. Aus zum Beispiel 100€ garantierter Rentenleistung werden plötzlich 50€. Bei einem Rentengarantiefaktor von 75% werden dann aus 100€ garantierte Rentenleistung, 75€ Rentenleistung.

Wer trotz aller von uns angeführten Nachteile trotzdem riestern will, sollte auf jeden Fall darauf achten, dass im Vertrag ein harter Rentengarantiefaktor von 100% ausgewiesen ist und kein weicher mit 50% oder 75%.

Und fragen Sie doch bitte einmal spaßeshalber den Vertreter ihres Vertrauens nach dem Einbau einer so genannten **Treuhänderklausel.**

Noch ein Punkt, welcher klar zu Lasten der Kunden geht. Wie gerade beschrieben, haben sich die Geschäfte nicht so entwickelt wie geplant, dann hat die Versicherung das Recht, alles von einem unabhängigen Treuhänder prüfen zu lassen. Daraus ergibt sich dann, dass die Versicherung das Recht hat, Gelder und Zahlungen zu kürzen.

Auch die **Deckelung des Steuervorteils** versalzt manchem die Suppe. Derzeit wird auf **2100€ pro Jahr** inklusive Zulagen und Einzahlungen gedeckelt. Besonders Besser- und – Gutverdienende dürften sich darüber ärgern.

Wirklich verwunderlich ist es nicht, dass es viele Rentner im Alter an die Sonne zieht – zum Beispiel zum Überwintern auf Malle, das Klischee schlechthin. Was ist aber, wenn ein Rentner die letzten Lebensjahre in den USA oder Afrika verbringen will? Zu abwegig, ok, vielleicht dann in Thailand oder der Türkei? Gerne, aber nicht mit der Riester-Rente.

So ist die Riester-Rente in der Auszahlungsphase auf die EU begrenzt, andernfalls werden die Förderungen abgezogen, beziehungsweise müssen zurückgezahlt werden.

8 Geträumte Luftschlösser: Wohnriester und Riesterdarlehen!!

Das ist alles nur geträumt, das ist alles gar nicht deins....so oder so ähnlich klang mal ein Lied einer bekannten deutschen Band. Mittlerweile gibt es einen richtigen Run auf Immobilien, manche sprechen gar von einer Blase oder von einer Marktüberhitzung.

In vielen Teilen großer Städte wie zum Beispiel Berlin, München, Stuttgart oder Frankfurt am Main steigen die Miet- und Kaufpreise für Immobilien seit Jahren kontinuierlich.

Selbst im schwarz-gelben Dortmund hat vor kurzem eine komplett sanierte Altbauwohnung, 120qm, 4,5 Zimmer, Haus BJ. 1956, 3-Parteien, kein Garten, keine Garage, kein Stellplatz, Lage in einem Szeneviertel (Kreuzviertel), für sage und schreibe 419.000,00€ + Makler und sonstige Kosten den Besitzer gewechselt.

Nicht nur Familien mit Nestbau und Kinderwunsch, auch doppelverdienende Paare und natürlich private und gewerbliche Investoren haben Immobilien als Anlagemöglichkeit oder als begeh- und bewohnbare Rente auf dem Schirm. Als besonders erfolgreiche Beispiele für gewerbliche Investoren, die erfolgreich in Immobilien machen, können Gerald Hörhan oder Axel Düsseldorf Fischer genannt werden. Schön für den, der dann von sich sagen kann: „Ich stehe lieber im Grundbuch als im Rampenlicht" oder noch besser „Ich gehe durch meine eigene Million".

Eine befreundete Berliner Maklerin erzählte mir noch neulich: „Seit einigen Jahren kommen selbst wohlhabende Italiener, Franzosen, etc. und versuchen ein Stück vom Immobilien-Kuchen abzukriegen. Seit Jahren gehen zum Beispiel die Zahlen vom Prenzlauer Berg durch die Decke."

In Zeiten, wo es bei Banken kaum noch Zinsen aufs sauer Ersparte gibt, eher schon Gebühren, Kosten und Negativzinsen, träumen viele von einer schicken Rente aus Stein. Immerhin entfielen so von über 16 Millionen Riester-Verträgen, die es Ende 2014 gab, knapp 8,5% auf die Bausparkassen (Versicherungsjournal, 24.03.2015, So riestern die Deutschen).

Worum es geht: Der Riester-Sparer verwendet das Guthaben seines Vertrages für eine selbst-genutzte Wohnung / Immobilie.

Es gibt drei Formen von Wohnriester: Riester-Bausparverträge, Annuitätendarlehen und eine Hybrid-Variante, ein Vorfinanzierungsdarlehen, typischerweise ein Bausparkombivertrag.

Als Wohnriester 2008 endlich eingeführt wurde, freuten sich nicht nur tausende von schein-selbständigen Bausparkassen-Vertretern und deren Zentralen, auch viele (Fach)Zeitungen und Kunden jubelten! Jubel, Trubel, Heiterkeit, wohin man auch schaute. Es gab auf der einen Seite der Gleichung neue Kunden für die Gesellschaften, Provisionen und Erfolge und auf der anderen Seite viele, die versuchen, mit Wohnriester ihrem Glück aus Stein näher zu kommen.

XX...Kritische Stimmen, was für ein Krampf....die haben doch alle keine Ahnung diese Kritiker...!XX

Gibt es denn gar keine Nachteile? Oh doch, die gibt es, auch wenn sie gerne unter den Tisch fallengelassen werden.

Es gibt mindestens fünf gravierende Nachteile: **nicht für jeden etwas, unflexible Altersvorsorge, „Schädliche Verwendung", nachgelagerte Besteuerung, Kosten / Gebühren.**

Es wird zwar öfters in Gesprächen oder Zeitschriften oder im Internet anders dargestellt, aber fairerweise muss man sagen, Wohnriester ist **Nicht für jeden etwas.**

Die HGB §84 – Außendienstler der Bausparkassen würden es natürlich gerne jedem „aufs Auge drücken", schon alleine, um ihre Miete zu bezahlen und ihre achtköpfige Familie zu ernähren, doch es muss die Frage der Sinnhaftigkeit gestellt werden. Auch mittlerweile ein (Negativ)-Trend: Viele böse „Bausparonkels" schichten fröhlich und munter alte „Hochzinsbausparverträge" in „Wohnriester" um.

So sind Mindestlohnjobber, Zeitarbeiter, Langzeitarbeitslose, Familien mit mehreren Kindern etc., in den allermeisten Fällen raus. So sieht es auch Thomas Bieler von der Verbraucherzentrale NRW:

„Wer sich heute keine Immobilie leisten kann, der wird sich auch mit Wohnriester keine Immobilie leisten können..." (Juni / 2012)

Es sollten schon idealerweise 20% bis 30% Eigenkapital (vom Kaufpreis plus Nebenkosten) vorhanden sein sowie mindestens ein sicherer Job, damit es später kein böses Erwachen gibt.

Dazu kommt, dass es eine extrem **Unflexible Altersvorsorge** ist.

Auch wenn es bei Familien oder Kunden mal finanziell eng wird, die Kreditraten sind verbindlich – kein Pardon.

Auch ein Anbieterwechsel (neudeutsch: Riester-Switch) gestaltet sich als sehr kompliziert, ist so gut wie ausgeschlossen und sehr teuer.

Die **„Schädliche Verwendung"** ist eine besondere Falle, in die Wohnriester-Nutzer tappen können.

Hier muss der Riester-Sparer alle Zulagen und gegebenenfalls eine stattgefundene Steuerersparnis zurückerstatten - ....- Achtung Hammer: ...und zwar auf einem Schlag.

So gibt es zum Beispiel Ereignisse, die man selber nur schwer beeinflussen kann, zum Beispiel Firmeninsolvenz, Scheidung etc. Wenn dann ein „Zwangs-Verkauf" der Immobilie ansteht, wird die ohnehin knappe Haushaltskasse zusätzlich mit der sofortigen Besteuerung des Wohnförderkontos belastet. Es gibt in diesem Fall nur zwei Ausnahmen: Eine neue Investition in ein Riesterprodukt oder eine Immobilie – verbunden mit neuen Abschlusskosten.

Doch wer gerade seinen Job verloren hat, sein Haus verkaufen musste, vielleicht sogar noch seine Frau (alles Hobbyhuren, außer meiner Schwester) verloren hat, der wird wohl kaum an die Anschaffung oder den Bau eines neuen Objektes denken.

Die **nachgelagerte Besteuerung** wird so manchem noch nachträglich, für den Staat einträglich, sein „Riester-Glück" vermiesen. Das garantiere ich Ihnen!

Das liebe Finanzamt spart nämlich für Sie im Hintergrund virtuell inklusive Zinsen weiter, während Sie Ihr Darlehen tilgen. Im zweiten Schritt wird Ihnen dies als fiktives Einkommen im Alter unterstellt. Es werden dann, Steuern auf ein fiktives Einkommen (Wohnförderkonto) verlangt. Natürlich haben Sie in diesem Fall **keine** zusätzliche Altersrente, es wurde ja keine **generiert**.

Sie haben immer noch Bock auf Wohnriester, Sie müssen ein ganz Hartnäckiger sein? Vielleicht können wir Sie mit dem Wissen um überraschende **<u>Kosten / Gebühren</u>** therapieren.

So ist es durchaus üblich, dass 1% der Bausparsumme als Abschlussgebühr verlangt wird.

Bei einer Bausparsumme von 80.000,00€ sind das immerhin 800 Euro, verteilt auf fünf Jahre.

Hinzu kommen noch einmalige 25 Euro Verwaltungspauschale, einmalig 58 Euro für ein Servicepaket und eine Jahresservicegebühr von 48 Euro hinzu.

Also hat der Kunde im 1. Jahr **satte 291 Euro Kosten / Gebühren.**

…........................ im 2. Jahr **satte 208 Euro Kosten / Gebühren.**

…........................ im 3. Jahr **satte 208 Euro Kosten / Gebühren.**

…........................ im 4. Jahr **satte 208 Euro Kosten / Gebühren.**

…........................im 5. Jahr **satte 208 Euro Kosten / Gebühren.**

In fünf Jahren summiert sich das auf deftige 1.123 Euro.

Falls er vorgehabt hätte noch ein oder zwei **Erhöhungen** durchzuführen, wären noch **zusätzliche Kosten dazugekommen.**

Auch hat unsere Arbeit an dem Buch gezeigt, es gibt Anbieter, dort ist es noch eine **Suppenkelle teurer. Na dann Guten Appetit.**

(Anmerkung des Autors: Das Beispiel bezieht sich auf einem realen Kunden, mit einem realen Vertrag, mit überaus realen Kosten, bei der mehr als realen XXX Bausparkasse.)

9 „Dassch issst joa Invessstment-Porno": Riester-Fondssparpläne (kein Dinosaurier-Porno!)

Es gibt vier eklatante Unterschiede zwischen Pornofilmen und Riesterfonds, auch Riester-Fondssparpläne genannt. Ein Pornofilm ist a) günstig zu bekommen, b) weit (im Internet) verbreitet, c) das Geschehene ist meistens mehr als verständlich und d) Mann / Frau kann zum Schluss, zum finalen Höhepunkt vorspulen.

Beim Riesterfonds wird es schon deutlich schwieriger, ihn günstig zu bekommen. Er ist nicht so häufig vertreten wie andere Riester-Sparformen, er ist teilweise bis vollkommen intransparent und zum Finale hin wird es eine Blackbox. Welcher Versicherer übernimmt ab dem 85. Lebensjahr die Leibrente, welche Kosten gibt es dann etc.?

Jahrelang war der Riester-Fondssparplan der Liebling der Verkäufer, Strukturvertriebler und Kunden gleichermaßen. Zwar hat diese Liebe im Laufe der letzten Zeit arg gelitten, trotzdem waren von den über 16 Millionen Riester-Verträgen, die es Ende 2014 gab, 19% Fondssparpläne. (Versicherungsjournal, 24.03.2015, So riestern die Deutschen)

Wie schon bei der klassischen Riester-Rentenversicherung, gibt es auch hier ein wahres Füllhorn von (mindestens zehn) individuellen Nachteilen: **Kostenarten, Niedrigzinsproblematik, Risiko für die Kunden, beschränkte Auswahl, Ungewissheit, Gebührenstruktur, Investitionsplanungen, Umschichtungen, Intransparenz und keine Garantien.**

Beginnen wir wieder bei den beliebten **Kostenarten**. Das reicht von Abschlusskosten, Ausgabeaufschlägen, Vertriebskosten und Verwaltungskosten über Depotkosten bis hin zu Managementgebühren sowie noch weiteren versteckten Kosten. Interessant ist das nur für den Anbieter.

Die **Niedrigzinsproblematik** macht auch vor Riester und Rürup nicht halt.

Das **Risiko für den Kunden** ist stets präsent und er (der einzelne Kunde) hat es im wahrsten Sinne des Wortes nicht in der Hand. Dass Fondsmanager selten den Markt schlagen, ist ein offenes Geheimnis. Wäre ein günstiger Indexfonds nicht besser gewesen oder vielleicht ein ganz anderer ungeförderter

Fonds?? Es hängt bei Riesterfonds unter anderem von der Aktienmarkt-Entwicklung ab, ob er sich im Vergleich zum ungefördertem Fonds lohnt.

Auch gibt es bei den Riesterfonds (auch riester-geförderte-Fondssparpläne genannt), nur eine extrem **beschränkte Auswahl**. So trifft Mann oder Frau immer wieder auf die gleichen Haupt-Anbieter.

Diese Akteure bieten eine übersichtliche Zahl von riester-geförderten-Fondssparplänen an.

Deutlich mehr Anbieter würden zwangsläufig auch mehr Wettbewerb bedeuten.

Halten wir fest: ein Riester Fondssparplan kann keine garantierte Rente zahlen. Ab dem 85. Lebensjahr muss Ihnen eine Leibrente gezahlt werden, dass können nur Rentenversicherer, weder Banken noch Bausparkassen oder Kapitalanlagegesellschaften. Folgende Fragen sollte man sich stellen:

a) Auf welchem Wert basiert die garantierte Rente??

b) Welcher Rentenversicherer zahlt ab dem 85.Lebensjahr Ihre Leibrente??

c) Wie hoch wird die Rente dann sein??

d) Welche Rechnungsgrundlagen gibt es dann??

e) Welche Kostenarten gibt es dann, die die Rente schmälern??

Fragen über Fragen, nur eines ist zu **100%** sicher, die Ungewissheit.

Wie schon gerade beschrieben, sind wichtige Fragen die Rentenhöhe etc. für den Kunden betreffen teilweise – bis vollkommen unklar. Auch die dann übliche **Gebührenstruktur** ist gar nicht vorauszusagen....alles andere ist nur ein Blick in die Glaskugel.

Bei den üblichen Investitionsplanungen der Riesterfonds ist der Kunde in der Regel außen vor. Es gibt viele Anbieter, bei denen die aktiv-gemanagten-Fonds in „hauseigene" Aktienfonds oder Rentenfonds investieren. In Bezug auf Streuung und Auswahl ein extremer Nachteil für den Kunden.

Ein weiteres Kosten und – Gefahrenpotential (für die Rendite) ist die so genannte Umschichtung.

„Hin und Her macht die Taschen leer", lautet ein altbekannter Börsenspruch. So besteht immer die Gefahr, dass der Fondsmanager umschichtet, ohne dass es dem Kunden etwas bringt, von zusätzlichen Kosten abgesehen.

Wie alle anderen Riester-Sparformen leidet diese Sparform an **Intransparenz und fehlenden Garantien.** Es ist wohl ein Hauptanliegen der Anbieter, die Verträge so zu gestalten dass weder die Verkäufer noch die Kunden durchblicken – am heftigsten bei dieser speziellen Riester-Form. Vielleicht blicken die Menschen in 40 Jahren zurück und sagen mitleidig, guck mal, damals haben die so teure und lustige Verträge gemacht und Dinosaurier-Porno geschaut. Na dann.

(Meinung des Autors: Viele der so genannten Finanzexperten sind wie die Rückleuchten eines fahrenden Zuges….sie blenden die Zurückgebliebenen.)

10 Vertreters stabiler Geldautomat: Fonds-gebundene-Riester-Rentenversicherung! (Cash!!!)

ABC bedeutet in der Vertreter-Sprache nicht ABC oder der Anfang des Alphabets, sondern es steht für „Abschluss bedeutet Cash". Während beim Abschluss einer KFZ- oder einer Hausratversicherung je nach Anbieter, Höhe und Laufzeit nur „Provis" (Schlipswichtel lieben diese Abkürzungen) in Höhe von ca. 15 bis 50 Euro vor Steuern gezahlt werden, sieht es bei Altersvorsorgeprodukten schon ganz anders aus. So werden natürlich die Verkäufer heiß gemacht, „Provis zu scheffeln", Neukunden „ran zu holen" und auf der „K-Leiter" aufzusteigen.

Wenig subtil fahren Führungskräfte in diesem Bereich meistens dicke PKWs von Mercedes, Audi oder BMW, einige ganz Aufgestiegene dann Porsche oder die Haus-Tuner-Modelle, sprich die AMG-Varianten von Mercedes oder die aufgetunten M-Varianten bei BMW. Aus meiner früheren Zeit in dieser Branche kenne ich noch drei „Exoten", wobei der eine (momentan) Maserati und Hummer fährt und der andere einen dicken Lexus-Hybrid. Der dritte ein spermaweißes BMW X6 M-Modell. Es besteht ein unausgesprochener Zwang, dass Statussymbole gelebt werden müssen.

So gab/gibt es einen bestimmten Strukturvertrieb, dort bekamen - bekommen ab einer gewissen Stufe die selbstständigen Vertreter eine platinfarben-schimmernde-12.000-Euro-Uhr geschenkt!!! Kein Witz!!!

So hat sich bei X-Fach geführten Gesprächen mit Vertretern, Verkäufern und Finanzdienstleistern immer folgendes herauskristallisiert: Auf Verkaufs-Seminaren wurden/werden sie immerzu angestachelt, das Geld aus der linken Tasche des Kunden in die eigene rechte Tasche zu stecken, sie sehen die Kunden nicht als Menschen, sondern als Geldautomaten.

Beim Abschluss einer fonds-gebundenen-Riester-Rentenversicherung sind natürlich ganz andere „Provis fällig". Das liegt zwischen 450€ bis zu 1950€ pro Abschluss. So ein Geldbetrag dafür einen, nur einen Kunden, zu.......über(reden)zeugen, schmeckt natürlich. Da bekommt der Begriff „Geldautomat" eine völlig neue Bedeutung. Es darf jetzt dreimal geraten werden, wer die Marmorpaläste, die Premiumautos, die exklusiven Schiffsreisen, die Sexarbeiterinnen, die Millionen-Gehälter der Vorstände und das alles letztendlich bezahlt. Genau Sie, ich und Millionen von anderen Versicherungs- und Altersvorsorgekunden. Toll oder?

Wie schon bei den anderen Riester-Sparformen gibt es bei der fondsgebundenen-Riester-Rentenversicherung viele Nachteile: **hohe Kosten, Kaltstart, unberechenbar, Intransparenz & nichts ist Sicher, nachgelagerte Besteuerung & Sterbetafeln, Einbau eines weichen Rentengarantiefaktors, Treuhänderklausel, Deckelung des Steuervorteils, Wohnort in der Auszahlungsphase**. Vieles davon haben wir bereits oben beleuchtet.

Wenn alle Kunden die hohen Kosten genau kennen würden, müssten sie erbrechen. Das reicht von teilweise sehr hohen Abschlusskosten, Verwaltungskosten der Versicherung bis hin zu Verwaltungskosten des Fonds und Ausgabeaufschlägen. Selbst Finanzexperten und Versicherungsmathematiker können nicht alle Kosten definieren, so extrem kompliziert wird alles gehalten (Gerne werden auch so genannte „Kickback" - Zahlungen unter Verschluss gehalten). Man kann es sich auch leicht vorstellen, als wenn jemand zwei Mäntel anhätte – es gibt nach außen hin einen Versicherungsmantel und darunter einen Fondsmantel.

Am 10. Mai. 2010 gab es dazu auf SZ.de einen interessanten Artikel von Markus Zydra mit dem Titel: Die Riester-Räuber.

Dort beschreibt er unter anderem, wie wichtig die Gebührenstruktur für den Anlageerfolg ist. Als einfache Faustregel kann man sich merken: Je länger der Vertrag läuft, je höher die Zulagen sind und je mehr Sie einzahlen, umso mehr Kosten bezahlen Sie auch.

Mein Onkel sagt gerne: „Kosten, die man nicht hat, müssen auch nicht verdient werden."

Als **„Kaltstart"** wird die Situation bezeichnet, dass ein Großteil der Kosten auf die ersten fünf Jahre umgelegt wird. Deshalb ist es mehr als verständlich, dass es gut und gerne seine Zeit dauert, bis der Riester-Sparer einen nennenswerten Zuwachs erzielen kann.

Ein weiterer Unsicherheitsfaktor: Jeder, der sich mit der Börse beschäftigt, weiß, dass die Börse **Unberechenbar** sein kann!

Zwar ist bei einigen Gesellschaften ein Einfluss auf die Fondsauswahl möglich, aber letztendlich trägt das Risiko der Kunde, da die Börse nicht berechenbar (wir denken nur an die letzten Krisen) ist.

Alle Riester-Sparformen kranken an ihrer Intransparenz. Wieso sollte es bei der fonds-gebundenen-Riester-Rentenversicherung anders sein? Diese Intransparenz ist wohl für die

Gewinne der Versicherungen, Kapitalanlagegesellschaften, Banken und Bausparkassen systemrelevant.

Was für die klassischen Riester-Rentenversicherungen gilt, gilt auch hier: **Nichts ist sicher!** Gerne kann der geneigte Leser dies noch einmal im Kapitel „Erfolg der Drückerkolonnen..."_nachlesen. Es gibt keine „Mündelsicherheit" und keine „Staatsgarantien".

Zum schlechten Schluss noch: Natürlich gibt es auch hier die 100% nachgelagerte Besteuerung sowie die utopischen Sterbetafeln. Auch die Grundsicherungsproblematik ist wieder mit an Bord, sprich, Riester wird auf die bedarfsorientierte Grundsicherung angerechnet. Ganz abgesehen von den Nachteilen Deckelung des Steuervorteils, Wohnort in der Auszahlungsphase und der Treuhänderklausel (siehe oben im Text).

Nachgereicht: **<u>Einbau eines weichen Rentengarantiefaktors, sowie eine sogenannte Treuhänderklausel</u>**....ist für den Kunden, falls verbaut auch extrem nachteilig..! (Siehe auch Erfolg der Drückerkolonnen:...) Bei der fondsgebundenen-Riester-Rentenversicherung gibt es natürlich verschiedene Varianten wie den 2-Topf- oder 3-Topf-Hybrid. Wir konzentrieren uns hier auf die Schwächen und Kritikpunkte.

11 Provisionsarmes Bankgeheimnis: Riester-Banksparplan (nur auf diskrete Nachfrage!)

Herr Meier ist 45 Jahre jung, verheiratet mit Frau Meier, sie haben zwei Wunschkinder, neun und drei Jahre alt. Herr Meier ist seit über 20 Jahren Bankberater bei der Städtischen-XY-Bank. Früher hat ihm sein Beruf noch Spaß gemacht, doch jetzt fühlt er sich von seinen Vorgesetzten immer mehr unter Druck gesetzt. Jede Woche, jeden Monat, jedes Quartal werden die Zahlen besprochen.....das immer wiederkehrende Mantra: „Es müssen mehr und noch mehr fondsgebundene-Riester-Rentenversicherungen und Fondsprodukte verkauft werden....Sie sollen pro-aktiv auf ihre Kunden zugehen (sprich ihnen hinterhertelefonieren)".

Ihm sitzt die Filialdirektorin im Nacken, ihr sitzt der Managing Regionaldirektor im Nacken und so weiter. Er muss Termine machen, diese werden kontrolliert und daraus müssen Abschlüsse (mit einer vorgegebenen Gesamthöhe) generiert werden. Stimmen die Zahlen nicht, gibt es „böse" Gespräche, offiziell „Fördergespräche" genannt, bis zu drei Stunden wird dann verbal auf ihn eingedroschen, danach könnte er nur noch heulen. Jeder Tag wird zum absoluten Krampf, er leidet schon unter andauernden Bauchschmerzen,.er muss die Zahlen schaffen. Seiner Kollegin aus der Kreditvergabeabteilung Privat geht es nicht anders, jeden Monat muss sie für 750.000,00 Euro Kredite zu einem bestimmten Durchschnittszinssatz an die Kunden „raushauen". Eigentlich will sie Kunden helfen, doch durch die hohen Vorgaben und den Zwang treibt sie wenig bis – mittelverdienende Kunden sowie prekär Beschäftigte immer weiter in das Hamsterrad Kreditfalle! Und trägt durch ihre Arbeit dazu bei, dass die Zahl der Privatinsolvenzen deutschlandweit stetig ansteigt.

Unser Bankberater, der sich wie eine Melkkuh fühlt an guten Tagen oder wie eine Vertriebshure an schlechten, merkt, dass die Welt sich immer schneller dreht. Viele Online-Banken bieten bessere Konditionen und sind kundenfreundlicher, viele Kunden machen ihre Bankgeschäfte nur noch per App oder Online, wer einen Kredit will, schaut erstmal ins Internet, dasselbe bei Baufinanzierungen. Man kann fast rund um die Uhr an Supermarktkassen Geld kostenfrei (meistens ab 20 Euro Umsatz im Supermarkt) abheben, teilweise schon bei SB-Kassen Geld aufs Konto einzahlen, Gebühren fürs Konto werden von vielen nicht mehr akzeptiert. So brechen immer mehr Geschäftsbereiche der klassischen Banken weg und mit ihnen die

Kunden. Auch werden immer mehr Filialen dicht gemacht oder zu reinen SB-Filialen umgebaut, einige Filialen scheinen nur noch von älteren „OFF-Line"-Kunden zu leben, die dann entsprechend geschröpft werden müssen.

Eigentlich könnte Herr Meier den Kunden auch riester-geförderte-Banksparpläne anbieten, doch diese werden offiziell von der Städtische-XY-Bank gar nicht beworben, er darf sie auch nicht aktiv ansprechen! Der Kunde muss sich schon auf der Bank-Homepage durch mehrere Untermenüs durcharbeiten, um sie überhaupt zu finden.

Die Führungsebene gibt vor: riester-geförderte-Banksparpläne nur auf diskrete Nachfrage! Die Bank verdiene daran zu wenig, wird hinter verschlossenen Türen gemunkelt.

So bleiben die Riester-Banksparpläne ein provisionsarmes Bankgeheimnis, das könnte auch der Grund sein, warum von 16,18 Millionen Riester-Verträgen (Ende 2014) nur jeder zwanzigste Vertrag ein Riester-Banksparplan war, oder nur von **5%** der 16,18 Millionen Riester-Verträge. (24.03.2015, Versicherungsjournal, So riestern die Deutschen)

So war in einem Artikel auf pfefferminzia.de zu lesen, das Wohnriesterverträge zwar etwas zunahmen und zwar um 4% gegenüber Ende 2015 aber der Verkauf von sonstigen Riesterverträgen stagniert. (Pfefferminzia.de / 16.09.2016)

Dass (relativ) geringe Kosten beim Abschluss und beim Vertrieb für den Kunden erfreulich sind, leuchtet ja ein. Doch auch beim Riester-Banksparplan gibt es einen satten Batzen von Nachteilen für den Kunden: **Unklare Kosten und unklares Risiko ab dem 85 Lebensjahr, Nichts ist sicher, bedarfsorientierte Grundsicherung, Verzinsung, Kunde muss aktiv suchen und nachfragen, nachgelagerte Besteuerung.** Diese sechs Punkte sind für uns schon KO-Kriterien.....aber urteilen Sie gerne selber.

Die unklaren Kosten ab dem 85. Lebensjahr sind eigentlich schon KO-Kriterium genug.

Sie müssen sich fragen:

- Welche Gesellschaft bildet ab dem 85. Lebensjahr die Leibrente ab?

- Welche Berechnungsgrundlage benutzt diese Gesellschaft dann?
- Welche Einmalkosten gibt es dann?
- Welche jährlichen Fix-Kosten und Variable-Kosten gibt es dann?
- Mit welcher Sterbetafel wird dann gerechnet???

Aus diesen Punkten erwächst das unklare Risiko ab dem 85. Lebensjahr.

Wenn diese Punkte unklar sind, dann ist es auch die Prognose einer möglichen Leibrente zum Zukunftszeitpunkt.....nur ein **Blick in die Glaskugel! Mehr nicht!**

Im siebten Kapitel kann man noch einmal genau nachlesen, (gerne auch die angegebenen Paragraphen googeln) warum nichts sicher ist.

Auch die Thematik der bedarfsorientierten Grundsicherung kann der Leser noch einmal im Kapitel sieben nachlesen.

Wie schon beschrieben, muss der Kunde, falls er sich für so eine Riester-Sparform interessiert aktiv suchen und nachfragen.

Sehr oft ist es so, dass die Bank (verkäufer) berater mitunter lieber die Versicherung eines Kooperationspartners (z.B. fonds-gebundene-Riester-Rentenversicherung) empfehlen, weil dann deutlich mehr Provisionen fließen für die Bank und den Verkäufer.

Und wie bei den anderen Riester-Varianten schlägt auch hier am Ende die nachgelagerte Besteuerung zu. Und zum Schluss:

Ein Riester-Banksparplan kann keine garantierte Rente zahlen!

12 Für Bärtige-Hippster-Bio-Spekulanten: Riester mit ETFs! (Transparent & Fair ?)

Seit einiger Zeit sind in Finanzzeitungen, in Finanzblogs und in Fernsehdiskussionssendungen ETFs (Exchange Traded Funds) der letzte Schrei in der Finanzwelt. (Fast) jeder will sie haben, (fast) jeder findet sie gut und (fast) jeder kennt sich aus. Da bloggen spätpubertierende Jugendliche, die zu 101% fremdfinanziert sind, über ETFs und Erfolg an der Börse, Hausfrauen, die via Internet selbstgenähte Mützen verschicken, präsentieren sich in Diskussionsrunden als Lifestyle-Unternehmerin und empfehlen wie selbstverständlich auch ETFs und so weiter und so fort! Neben vollkommenen Dilettanten gibt es auch Experten und Menschen mit mehr als reichlich (Finanz-)Lebens-Erfahrung, die bloggen.

Aber was sind ETFs überhaupt? ETFs sind börsengehandelte Fonds, die die Kursentwicklung ausgewählter Aktien abbilden. Sie sind in der Regel deutlich günstiger und transparenter als klassische Aktienfonds. Viele Finanzexperten meinen, dass sie sich nahezu für fast jeden Anleger eignen.

Diese ETFs kann Mann oder Frau jetzt, falls gewünscht, mit Riester kombinieren....das Beste aus zwei Welten, der Gral der

Finanzweisen...oder alter Wein in neuen Schläuchen...wir werden sehen, konzentrieren uns aber, wie gehabt, auf die Nachteile und Schwächen.

Folgende Kritikpunkte haben wir auf dem Schreibblock: **Rezeptfehler, viele Köche, Kosten & Gebühren der Köche, Laufzeit des Vertrages, fehlendes volles Kapitalwahlrecht, Anrechnung auf die Grundsicherung, Nichts ist sicher, Sterbetafeln, Auszahlung innerhalb der EU.**

Als **Rezeptfehler** deshalb, weil Riester extrem statisch ist, die Börse dagegen extrem dynamisch. Nach dem Alterszertifizierungsgesetz muss ein Anbieter ja sicherstellen, dass am Beginn der Auszahlungsphase das eingezahlte Kapital plus Zulagen wieder dasteht. Das führt bei dieser Suppenmischung dazu, dass schon ca. 20 Jahre (240 Monate!!) vor Ende der Laufzeit begonnen werden muss, die Aktienquote schrittweise abzusenken und gleichzeitig den Rentenanteil langsam hochgefahren.

Mit **viele Köche** meinen wir, es gibt bei dieser Riester-Sparform drei Köche (wir nennen bewusst keine Namen). So gibt es eine Vertriebsplattform, gemeint ist eine Vertriebsgesellschaft, eine Bank, sowie eine Versicherung, die ab dem 85. Lebensjahr dann die Leibrente zahlt. Ein kurzer Gedankenflug: Wenn ich mit ETFs fürs Alter vorsorgen will, dann kann ich dies recht unkompliziert und mit extrem geringen Kosten tun. Ich richte mir bei einer Online-Direkt-Bank einen monatlichen ETF-Sparplan ein. Das geht schon ab 25€ monatlich.

Wieso soll ich mein Geld einer Vertriebsplattform geben, die es an eine Bank weiterreicht, die dann in ETFs, investiert, später umschichten (muss) und dann mein Kapital an eine Versicherung weiterreicht, die dann daraus eine Rente „verwurstet"?

Alles im Leben kostet Geld, so entstehen natürlich auch Kosten und Gebühren der Köche. Als da sind: Kontogebühren, Depotgebühren, Kosten der Fondsanbieter, die Vertriebsplattform verursacht Kosten und natürlich muss die Versicherung, die die Leibrente übernimmt, auch bezahlt werden.

Unserer Meinung nach sollte die Laufzeit des Vertrages, wenn man denn Riester mit ETFs kombinieren will, mindestens 30 Jahre betragen, um nicht gleich nach den ersten fünf Jahren in die schrittweise Absenkung der Aktienquote zu geraten.

Auch das fehlende volle Kapitalwahlrecht wirkt sich hier wie bei den anderen Riester-Sparformen aus. Lediglich 30% dürfen zu Beginn der Auszahlungsphase entnommen werden.

Die altbekannten Nachteile schlagen auch hier voll durch, so auch: **Anrechnung auf die Grundsicherung, Nichts ist sicher, Situation der Sterbetafeln, Auszahlung nur innerhalb der EU.**

Wir finden diese Anlageform des Riestersparens zwar deutlich besser als andere, auch transparenter, aber aufgrund der vorher genannten Punkte sowie durch die Begrenzungen des gesetzlichen Topfes können wir keine Empfehlung aussprechen. Aber das ist nur unsere Meinung, viele Menschen haben bestimmt eine andere. Bilden Sie sich Ihr eigenes Urteil!

13 **Neulich beim Internet-Vergleichs-Discounter: Riester als Nettopolice??! (Gut & Günstig?!)**

Zur Abwechslung sitzen Sie mal beim Vertreter oder Verkäufer etc. im Büro, Sie trinken leckeren Kaffee aus Hochland-Bohnen, essen Kekse und die Stimmung ist gut. Der Verkäufer denkt schon gierig daran, dass Sie gleich unten rechts unterschreiben und er seine Provi bei der dickbusigen-schlanken-engen-jungen-braungebrannten-blonden- Cara im Admiralsclub Platinum verjubeln kann. (Seiner Frau wird er sagen, er „steckt" später noch in einem interessanten Projekt fest!)

Lassen Sie die gute Stimmung doch einfach mal kippen! Sagen Sie…

„Ach, wissen Sie, ich habe neulich in so einem Buch gelesen, dass es auch Nettotarife und Nettopolicen gibt."

(Produktplatzierung: Das! Versicherungsberatungs Komplott)

Klatsch, ohne Vorwarnung mitten ins Gesicht das war es mit der guten Stimmung. Jetzt ist „Ihr" Verkäufer wach, als hätte er drei Liter schwarzen Kaffee inhaliert.

Wer so einen Tarif finden will, muss sich schon selber auf den Hosenboden setzten und mal im Internet suchen oder einen

Honorarberater beauftragen. So einen Honorarberater bezahlen Sie zwar selbst, er kostet zwischen 100 – 200 Euro die Stunde und mehr, aber Sie werden **BERATEN** und kriegen nichts **VERKAUFT**. Im Endeffekt bezahlen Sie durch die ganzen Provisionen, Kosten und verstecken Kosten bei Bruttotarifen viel mehr, sie sind nur vordergründig umsonst.

Wer es günstiger will, kriegt es auch günstiger. Bei Verbraucherzentralen geht die Beratung ca. bei 30 bis – 40 Euro die Stunde los, auch dort bekommen Sie nichts aufgeschwatzt. Ob Sie dann dort mit einer absoluten Fachkraft sprechen, ist eine andere Frage.

Über folgenden Sachverhalt sollte man nachdenken, einen Rechtsanwalt oder einen Steuerberater bezahlt ja man auch selber.

Der Steuerberater bekommt ja vom Finanzamt keine Provision dafür, dass sie möglichst hohe Steuern zahlen!!!

Im Internet gibt es auch einige Anbieter (Internet-Vergleichs-Discounter), bei denen Mann oder Frau Riester als Nettotarif bekommt. Die Vorteile sind klar, vielschichtig und liegen auf der Hand:

- Keine Abschlussprovision
- Keine Bestandsprovision
- Geringere jährliche Verwaltungskosten gegenüber Bruttotarifen
- Erstattung von Kick-backs
- Alle gesetzlichen Vorteile bleiben erhalten (Leider auch alle Nachteile, die wir oben ja ausführlich geschildert haben)

Wahrlich ein Strauß von Vorteilen...aber wie man unschwer erkennen kann beziehen sich fast alle Vorteile auf die Kosten.

Ein weitaus größerer Strauß ist voller Nachteile: **Nichts ist sicher, nachgelagerte Besteuerung, Sterbetafeln, Anrechnung auf die Grundsicherung, fehlendes volles Kapitalwahlrecht, frühste Auszahlung, Niedrigzinsproblematik und Deckelung des Steuervorteils.**

Weiterhin können vertragsseitig verbaut sein: weicher Rentengarantiefaktor, sowie eine Treuhänderklausel.

Wir haben jetzt extra nicht alle Nachteile & Kritikpunkte erwähnt, nur die aus unsere Sicht Wichtigsten...da es ja drauf ankommt, welche Riester-Sparform sie als Nettotarif wählen.

(Die Nachteile können alle in den vorherigen Kapiteln nachgelesen werden.)

(Ironie on..) So nun vom Straßenköderslang zu einer etwas gehobener Eliteuniversitäts-Hörsaal Jargon Sprache (Ironie off..)

14 Über den Tisch gezogen: Die Rürup-Rente!

Bei der Rürup Rente gibt es im Gegensatz zur Riester-Rente keine staatlichen Zulagen, allerdings wird hier mit der Steuererleichterung bzw. dem Vorteil argumentiert, dass die monatlichen Vorsorgebeträge steuerlich abgesetzt werden können. Dies ist einer von nur wenigen Vorteilen. Demgegenüber stehen viele Negativpunkte:

- Sobald der Vertrag abgeschlossen wurde, gibt es kein Entrinnen mehr, sprich der Vertrag kann nicht gekündigt, maximal beitragsfrei gestellt werden.
- Eine Zusatzversicherung ist nötig, damit im Todesfall der Hinterbliebenenschutz bleibt, sprich das das Geld ausgezahlt wird.
- Zusätzlich erfolgt eine nachgelagerte Besteuerung, die den anfänglichen Effekt der Steuerbegünstigung aufwiegt.
- Ein Anbieterwechsel ist nur sehr schwer möglich und extrem aufwendig.

- Der Kapitalerhalt ist gesetzlich nicht vorgeschrieben, bei fondsgebundenen Anlagen besteht ein erhebliches Verlustrisiko.

Diese Punkte zeigen die Inflexibilität solcher Verträge auf. In der heutigen schnelllebigen Zeit sind solche Vertragskonstellationen einfach gesagt inakzeptabel und nicht mehr up to date. Nur in bestimmten Einzelfällen lohnt sich eine Rürup-Rente. Ein Punkt, den viele nicht beachten: diese Verträge werden meisten über eine Versicherung abgeschlossen.

Hier besteht ein zusätzliches Risiko, welches im §89 VAG (Versicherungsaufsichtsgesetz) geregelt ist. Grob gesagt, lautet dieser Artikel folgendermaßen: Sollte eine Versicherung in wirtschaftliche Schwierigkeiten geraten, kann sie Zahlungen an den Kunden einstellen. Im Gegenzug muss der Kunde aber weiterhin seine Verpflichtung nachkommen und den im Vertrag vereinbarten monatlichen Betrag weiterhin zahlen. Da helfen im Ernstfall keine staatlichen Zulagen oder steuerlichen Vorteile, wenn die Gesetze letztendlich so vorteilhaft für die Versicherung sind. Dann kann es schnell heißen „Die Privat-Rente ist am Ende".

Und die Gefahr besteht zweifelsohne, dass durch die Niedrigzinspolitik seitens der EZB und FED die Versicherungen es immer schwerer haben werden, lukrative Geschäfte zu finden. Das Dilemma geht zweifelsohne damit einher, dass viele Altverträge mit hohen Renditeversprechungen bedient werden müssen, wobei Reserven seitens der Versicherungen aufgelöst werden, um die Altverträge noch zu bedienen. Ich möchte gar nicht ausmalen, in welche Schwierigkeiten die Versicherer kommen, wenn die Phase der Niedrigzinsen einige Jahre anhalten sollte. So unwahrscheinlich ist das gar nicht.

Die großen Versicherer könnten dann vom Staat gerettet werden unter dem Begriff „to big to fail". Was aber letztendlich dann mit den Produkten wie Riester, Rürup und den klassischen Renten- und Lebensversicherungen passiert, wird ein einmaliges Fiasko werden. Wobei wir Deutschen ja sowieso obrigkeitshörig sind und uns viel gefallen lassen, bis endlich mal was passiert.

Je mehr Einsicht desto weniger Nachsicht lautet ja ein bekanntes Sprichwort. Man kann sich gar nicht ausmalen wie viele Millionen Bürger dann um Ihre private Altersvorsorge hinterhertrauern. Ich halte dieses Szenario für nicht ganz ausgeschlossen.

Die Wahrscheinlichkeit, dass die Zinsen auf absehbare Zeit nicht steigen und dass Versicherer in akute finanzielle Probleme geraten, berechne ich im Korridor zwischen 10-20%. Die Gefahr, dass die eingezahlten Beträge nicht komplett ausgezahlt werden, veranschlage ich mit 50%.

Es ist und bleibt eine einzige Katastrophe. Der obrigkeitshörige Deutsche aber scheint die Problematik in seiner ganzen Konsequenz und Dramatik nicht zu interessieren. Es liegt einfach an der Unwissenheit der Bürger und der Scheu, sich dem Thema Finanzen zu öffnen. Dabei ist es gar nicht so schwer, sich mal ein paar Seiten der Riester oder Rürup AGBs zu Gemüte zu führen und die Kostenseite aufzudröseln.

So oder so sind Rürup- und Riester Rente ein Trauerspiel par excellence. Ein toxisches Gemisch aus bürgerlicher Naivität und staatlicher Kontrolle sowie eine Gelddruckmaschine für die Finanz- und Versicherungsbranche, welches ihresgleichen sucht.

15 Mindset und eigene (Finanz-) Bildung als beste Investition!

Die wichtigsten Eigenschaften, um sich langfristig und entspannt ein Vermögen aufzubauen, ist das mentale Setting im Kopf (Mindset), welches richtig programmiert werden muss. Hierzu ist es wichtig, viele Bücher zu lesen, die sich mit den Themen, Sparen, Haushaltsbuch, Einnahmen erhöhen, Einsparpotenziale erkennen und der mentalen Einstellung beschäftigen.

Erst wenn man das Sparen als Wohltat empfindet und es sich angeeignet hat, monatlich dauerhaft etwas zurückzulegen, werden sich langfristig erste Erfolge abzeichnen. Dies fällt in der heutigen Zeit vielen enorm schwer, da die Konsumgesellschaft sich immer schneller entwickelt. Wichtigste Aufgabe ist es, sich diesem Konsum zu entziehen und dafür zu sparen um zukünftig davon zu profitieren.

Je früher man in jungen Jahren anfängt zu sparen, umso früher kann man eventuell von passiven Einnahmen aus Dividenden, Mieteinnahmen, Tantiemen aus anderen Beteiligungen etc. leben. Möglich wird dies durch Selbstverantwortung, Selbstbewusstsein, Selbstbeherrschung und Selbstverwirklichung. Auf diese vier Begriffe möchte ich nachfolgend kurz eingehen:

Hier hatte ich eine große Inspiration durch Jens Corssen, ein Mentaltrainer, der mittlerweile Führungskräfte von DAX Konzernen coacht.

Selbstverantwortung: Das ist die Fähigkeit, überzeugend und verantwortlich zu handeln. Dazu gehört die Bereitschaft, das eigene Handeln mit einem Standpunkt nach außen hin zu vertreten. Das gehört zwangsläufig zu einem Auftreten mit Charakter und Disziplin.

Selbstbewusstsein: Das ist die Gabe, mit Argumenten Standpunkte zu vertreten und auch bei einem Diskurs und etwaigen Differenzen sich auf seine Aussagen zu stützen. Selbstbewusst ist auch derjenige, der nicht mit dem Strom schwimmt und kontroverse Lebenswege abseits der Norm oder bürgerlichen Vorstellung lebt.

Selbstbeherrschung: Eine elementare Gabe, sich selbst zu analysieren, seinen Schwächen zu widerstehen und zu erkennen und daran zu arbeiten, diese womöglich in Stärken umzuwandeln. Es ist ein ständiger Lernprozess für private und berufliche Situationen.

Selbstverwirklichung: Sich selbst zu entwickeln, seinen eigenen vorherbestimmten Weg zu gehen und sich darauf zu fokussieren, ist eine der schwierigsten Aufgaben. Zu sehr lassen wir uns fremdbestimmt leiten und ablenken. Sich seiner Stärken bewusst zu sein und darauf hinzuarbeiten ist eine Königsdisziplin. Das Ziel ist es, seine Verwirklichung im eigenen TUN zu spiegeln.

Wenn man sich sukzessive diese Eigenschaften aneignet und bewusst handelt, ist eine wichtige Grundlage zu einem erfüllten Leben gegeben. Der monetäre Aspekt kommt dann meistens automatisch als Quintessenz der Ergebnisse auf einen zu. Dies ist dann ein positives Nebenprodukt. Es ist wichtig, sich ständig fortzuentwickeln und zu lernen. Man sollte dem Leben immer demütig gegenübertreten. Wie man diese Entwicklung vollzieht, lässt sich pauschal nicht sagen. Beispielsweise kann man sich beruflich durch verschiedene Weiterbildungen entwickeln, Bücher lesen oder auch in distinguierter Gesellschaft durch soziale Kontakte permanent lernen und neue Erfahrungen sammeln.

Anfangen sollte man mit dem IST Zustand, sprich wieviel Einnahmen habe ich im Monat und wie sieht die Ausgabenseite aus. Hat man dies erstmal auf Papier oder in einer App erfasst, lässt sich leichter kontrollieren, an welchen Punkten man womöglich Einsparpotenziale hat. Oftmals gibt es unnötige Versicherungen, die man kündigen kann oder sparsamere Handy oder Stromtarife, welche man sehr schnell ändern kann. Die erste Stellschraube ist meines Erachtens die Ausgabenseite.

Durch Gewohnheiten, die man durch ein Haushaltsbuch entlarvt und feststellt, lässt sich so schnell 100-200€ bei disziplinierter Herangehensweise einsparen. Jeden Tag ein Starbucks Kaffee oder das Frühstück beim Bäcker holen, verschlingt schon 100€ im Monat. Durch das Sparen bei Handy-oder Stromverträgen lassen sich ebenso schnell 50€ im Monat einsparen.

Sobald man die Ausgabenseite optimiert hat, bleiben einem schon viel mehr Überschüsse im Monat übrig. Ab diesem Zeitpunkt kann man sich über seinen Einnahmenseite Gedanken machen. Ein zusätzlicher 450 € Job kann die Alternative sein. Diesen Betrag kann man dann voll und ganz in den Spartopf geben. So sind schnell mal 500-700€ an zusätzlichem Sparbetrag möglich. Und damit lässt sich sehr viel anfangen.

Nachfolgend ist eine Tabelle simuliert, welche zeigt, wie sich die 500€ in einem Sparplan unter Annahme der Renditen von 5-10% entwickeln würden.

500€ Sparplan	Rendite bei 5%	Rendite bei 6%	Rendite bei 7%	Rendite bei 8%	Rendite bei 9%	Rendite bei 10%
1 Jahr	6.300,00 €	6.360,00 €	6.420,00 €	6.480,00 €	6.540,00 €	6.600,00 €
2 Jahre	12.915,00 €	13.101,60 €	13.289,40 €	13.478,40 €	13.668,60 €	13.860,00 €
3 Jahre	19.860,75 €	20.247,70 €	20.639,66 €	21.036,67 €	21.438,77 €	21.846,00 €
4 Jahre	27.153,79 €	27.822,56 €	28.504,43 €	29.199,61 €	29.908,26 €	30.630,60 €
5 Jahre	34.811,48 €	35.851,91 €	36.919,74 €	38.015,57 €	39.140,01 €	40.293,66 €
6 Jahre	42.852,05 €	44.363,03 €	45.924,13 €	47.536,82 €	49.202,61 €	50.923,03 €
7 Jahre	51.294,65 €	53.384,81 €	55.558,82 €	57.819,77 €	60.170,84 €	62.615,33 €
8 Jahre	60.159,39 €	62.947,90 €	65.867,93 €	68.925,35 €	72.126,22 €	75.476,86 €
9 Jahre	69.467,36 €	73.084,77 €	76.898,69 €	80.919,37 €	85.157,58 €	89.624,55 €
10 Jahren	79.240,72 €	83.829,86 €	88.701,60 €	93.872,92 €	99.361,76 €	105.187,00 €
11 Jahren	89.502,76 €	95.219,65 €	101.330,71 €	107.862,76 €	114.844,32 €	122.305,70 €
12 Jahren	100.277,90 €	107.292,83 €	114.843,86 €	122.971,78 €	131.720,31 €	141.136,27 €
13 Jahren	111.591,79 €	120.090,40 €	129.302,93 €	139.289,52 €	150.115,14 €	161.849,90 €
14 Jahren	123.471,38 €	133.655,82 €	144.774,13 €	156.912,68 €	170.165,50 €	184.634,89 €
15 Jahren	135.944,95 €	148.035,17 €	161.328,32 €	175.945,70 €	192.020,39 €	209.698,38 €
16 Jahren	149.042,20 €	163.277,28 €	179.041,30 €	196.501,35 €	215.842,23 €	237.268,22 €
17 Jahren	162.794,31 €	179.433,92 €	197.994,20 €	218.701,46 €	241.808,03 €	267.595,04 €
18 Jahren	177.234,02 €	196.559,95 €	218.273,79 €	242.677,58 €	270.110,75 €	300.954,54 €
19 Jahren	192.395,72 €	214.713,55 €	239.972,95 €	268.571,79 €	300.960,72 €	337.650,00 €
20 Jahren	208.315,51 €	233.956,36 €	263.191,06 €	296.537,53 €	334.587,18 €	378.015,00 €
21 Jahren	225.031,29 €	254.353,74 €	288.034,43 €	326.740,53 €	371.240,03 €	422.416,50 €
22 Jahren	242.582,85 €	275.974,97 €	314.619,85 €	359.359,77 €	411.191,63 €	471.258,15 €
23 Jahren	261.011,99 €	298.893,46 €	343.060,02 €	394.588,56 €	454.738,88 €	524.983,96 €
24 Jahren	280.362,59 €	323.187,07 €	373.494,23 €	432.635,64 €	502.205,38 €	584.082,36 €
25 Jahren	300.680,72 €	348.938,30 €	406.058,82 €	473.726,49 €	553.943,86 €	649.090,59 €
26 Jahren	322.014,76 €	376.234,59 €	440.902,94 €	518.104,61 €	610.338,81 €	720.599,65 €
27 Jahren	344.415,50 €	405.168,67 €	478.186,15 €	566.032,98 €	671.809,30 €	799.259,62 €
28 Jahren	367.936,27 €	435.838,79 €	518.079,18 €	617.795,62 €	738.812,14 €	885.785,58 €
29 Jahren	392.633,09 €	468.349,12 €	560.764,72 €	673.699,27 €	811.845,23 €	980.964,14 €
30 Jahren	418.564,74 €	502.810,06 €	606.438,25 €	734.075,21 €	891.451,30 €	1.085.660,55 €
31 Jahren	445.792,98 €	539.338,67 €	655.308,93 €	799.281,22 €	978.221,92 €	1.200.826,60 €
32 Jahren	474.382,63 €	578.058,99 €	707.600,55 €	869.703,72 €	1.072.801,89 €	1.327.509,27 €
33 Jahren	504.401,76 €	619.102,53 €	763.552,59 €	945.760,02 €	1.175.894,06 €	1.466.860,19 €
34 Jahren	535.921,84 €	662.608,68 €	823.421,27 €	1.027.900,82 €	1.288.264,53 €	1.620.146,21 €
35 Jahren	569.017,94 €	708.725,20 €	887.480,76 €	1.116.612,89 €	1.410.748,34 €	1.788.760,83 €
36 Jahren	603.768,83 €	757.608,71 €	956.024,41 €	1.212.421,92 €	1.544.255,69 €	1.974.236,92 €
37 Jahren	640.257,27 €	809.425,23 €	1.029.366,12 €	1.315.895,67 €	1.689.778,70 €	2.178.260,61 €
38 Jahren	678.570,14 €	864.350,75 €	1.107.841,75 €	1.427.647,33 €	1.848.398,78 €	2.402.686,67 €
39 Jahren	718.798,65 €	922.571,79 €	1.191.810,67 €	1.548.339,11 €	2.021.294,67 €	2.649.555,33 €
40 Jahren	761.038,58 €	984.286,10 €	1.281.657,42 €	1.678.686,24 €	2.209.751,19 €	2.921.110,87 €

Abbildung 4: Renditeentwicklung mit 500€ ETF Sparplan

Erstaunlich zu sehen, wie sich die 500€ monatlich über Jahre entwickeln. Allein bei einer angenommenen Rendite von 5%, welche am Aktienmarkt über einen längeren Horizont definitiv erzielt werden kann, kommen nach 40 Jahren Einzahlung rund 760.000€ raus. Vor Steuern und vor Kosten natürlich. Ein nettes Sümmchen. Auch nach 30 Jahren ist man schon bei einem Vermögen von rund 420.000€. Hier erkennt man deutlich die Entfaltung des Zinseszinses und damit einhergehend die

Macht der Zinsen über einen längeren Anlagehorizont. Mit einer angenommenen Rendite von 8% und einer Laufzeit von 35 Jahren, wäre man schon Millionär. So einfach ist das Prinzip, nur verstehen tun es die wenigsten. Sparsamkeit ist eine deutsche Tugend und die Sparquote ist auch nicht schlecht. Nur legen die meisten das Geld in falsche Produkte an. Das ist der fatale Fehler, der zu Kosten der Rendite geht.

16   Aktionsplan für eure Altersvorsorge

Was sind die Alternativen zu den klassischen Produkten wie Riester & Rürup. Wie sieht es mit fondsgebundenen Renten- und Lebensversicherungen aus? Diese kann man auch überhaupt nicht empfehlen aufgrund der hohen Verwaltungskosten und Gebühren. Meiner Meinung nach sollte man bei einem langfristig angelegten Horizont sich definitiv am Aktienmarkt engagieren. In welcher Form, ob Einzelaktien oder ETFs kommt auf das Wissensniveau drauf an. Selbst die Investmentlegende aus Amerika und einer der reichsten Männer der Welt „Warren Buffett" empfiehlt ETFs. Diese sind passive Indexfonds, die im Vergleich zu Fonds relativ günstig sind. Außerdem decken Sie einen breiten Markt ab.

Beispielsweise kauft man ein ETF auf den Dax. Der deutsche Aktienindex umfasst die 30 größten deutschen Werte. Der DAX hat in den letzten 40 Jahren im Durchschnitt zwischen 6-8% erzielt. Somit wie wir im obigen Schaubild bereits gesehen haben, lässt sich mit einem monatlichen Sparplan auch mit kleinen Beträgen auf lange Frist gesehen einiges machen. Allein 100€ im Monat in einen ETF Sparplan, die fast jeder entbehren kann, wirken schon Wunder. Dies bringt wahrlich mehr als jede intransparente Riester oder Rürup Rente, deren

Worthülsen seitens der Versicherungs-Fuzzis lediglich auf 3-4 Wörter basieren „Sicherheit" „garantierte Rente" „staatliche Zulagen" und Steuervorteil". Da dies alles nicht so ist und diese immer zwei Seiten der Medaillen hat, wird dabei immer ausgeblendet. Nachfolgend sieht man die Entwicklung des Sparplans mit 100€ im Zeitverlauf wachsen.

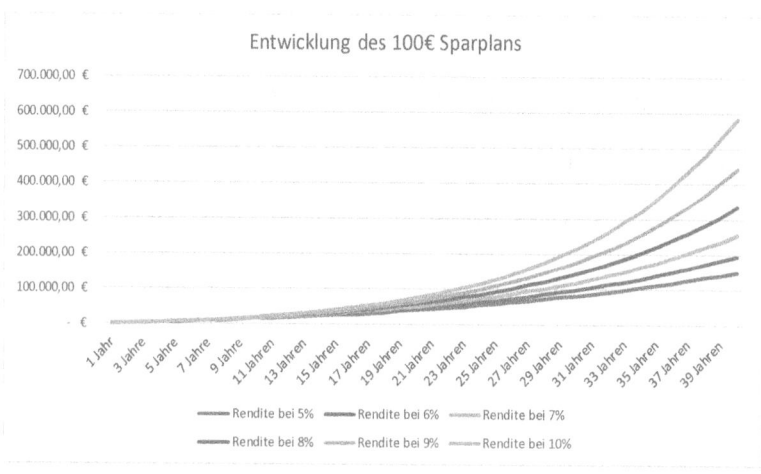

Abbildung 5: Entwicklung eines 100€ Sparplan im Zeitverlauf

Auch mit einem kleinen Sparbetrag lässt sich über die Zeit gesehen ein enormes Potenzial entwickeln. Eine Grundvoraussetzung die Disziplin, diesen Betrag kontinuierlich Monat für Monat zurückzulegen. Ein zweiter elementarer Faktor ist die richtige Auswahl des Vorsorgeprodukts. Geringe Kosten sind das A und O bei der Auswahl, da dieser Posten sonst immens an der Rendite zehrt. Grundsätzlich muss man sich immer vor Augen führen, dass im Grunde genommen alle Versicherungs- und Bankprodukte größtenteils ungeeignet sind für die Vorsorge. Diese Sparformen sind mit extrem hohen Kosten verbunden und zudem oftmals total inflexibel und starr.

Der einzige Profiteur ist die Versicherung oder Bank, die die Produkte anbietet. Klassische Renten- und Lebensversicherungen scheiden aufgrund der Niedrigzinspolitik seitens der EZB mittelfristig sowieso aus. Diese werden zukünftig bei gleichbleibender stagnierender Zinsrate nahe null Prozent Schwierigkeiten haben, ihre finanziellen Probleme auszuräumen bzw. zu verbessern. Tendenziell neigen diese eher dazu, in eine ernsthafte Bredouille zu geraten. Zudem ist man als Versicherungsnehmer lediglich Gläubiger solcher Produkte und hat eine Forderung gegenüber der Versicherung. Und wie wir 2008/2009 in der Finanzmarktkrise gesehen haben, können Forderungen teilweise oder ganz ausfallen. Eine „Sicherheit" wie sie oftmals suggeriert wird, existiert hier definitiv nicht. Eher ein erhöhtes Risiko.

Aktien- oder Rentenfonds: teuer und nochmals teuer!

Die oft von den Banken angebotenen Produkte wie Aktien- oder Rentenfonds haben satte Kosten, die die meisten Bankberater (Verkäufer) am Schalter oft nicht selbst alle kennen oder erst gar nicht nennen wollen. Ein anfänglicher Ausgabeaufschlag von satten 5% Verwaltungskosten, Performanceabhängige Vergütung, Bearbeitungsgebühren etc. pp. summieren sich letztendlich auf 2-3%. Wenn man dann die Inflation mit dazu rechnet, muss man mindestens 4-5% an Rendite erzielen, um null auf null rauszukommen. Ein irrwitziges Spiel, das am Ende nur die Bank reicher macht und den Kunden nicht sonderlich. Die Rentenfonds sind oftmals durch den risikoarmen Teil mit Anleihen ausgestattet, um den defensiven Part zu übernehmen. Zum Thema „Sicherheitsaspekt": Anleihen sind heutzutage auch sehr spekulativ. Unternehmensanleihen auch von Firmen mit guter Bonität haben oft eine Rendite auf die Restlaufzeit gesehen von unter 1%. Früher gab es beispielsweise für eine Daimler-Anleihe einen Kupon von über 6%, die fast sicher eingefahren werden konnte. Heutzutage undenkbar.

Leider lassen sich hier auch viele Privatanleger mit hohen Kuponzahlungen blenden. Beste Beispiele sind hier Prokon oder German Pellets. Mit 7-8% festem Zins haben sich Privatkunden blenden lassen und erlitten einen Vollschaden. Milliarden

Kundengelder wurden hier vernichtet. Hier gilt das Sprichwort „Gier frisst Hirn". Ein sicheres Investment gibt es nicht mehr. Alle in Hochglanzbroschüren dargestellten Zinssätze von über 5% sind mit enormen Risiken und vielmehr auch mit enormen Schwankungen verbunden. Dies sollte jedem mittlerweile klar sein.

Immobilienfonds sind ebenfalls eine heikle Geschichte. Hier haben ebenso viele Privatanleger eine Bauchlandung hingelegt. Zu intransparent, da oftmals in hundert verschachtelte Immobilienprojekte investiert. Bleiben uns letztendlich nur noch Aktien oder ETFs. Aktien sind eher etwas für Spezialisten, die Bilanzen en detail durchgehen und die Geschäftsberichte etc. verstehen.

Die meisten Fondsmanager (professionelle Geldanleger) schneiden im langfristigen Vergleich nicht besser ab als der Markt. Über mehr als fünf Jahre hin sind nur weniger der Fondsmanager besser, ein Großteil von Ihnen legte eine schlechtere Rendite hin als der Vergleichsindex. Und dies, obwohl sie sich tagein, tagaus mit der Materie und dem Auf- und Ab an den Börsen beschäftigen, alle makroökonomischen Zahlen analysieren und Geschäftsberichte lesen. Bleiben uns nur noch wie am Anfang erwähnt die ETFs.

Für den Laien ist das eine ideale Ansparform fürs Alter. Die ETFs sind oft bei den Online Banken ab 25€ monatlich besparbar und flexibel aussetzbar oder kündbar. Für einen längerfristigen Vermögensaufbau ist dies die lukrativste Sparmöglichkeit. Also auch mit kleinen Sparbeträgen lässt sich hier auf lange Sicht einiges bewegen. Die Kosten sind relativ gering. Ausgabeaufschläge fallen nicht an und die Gesamtkostenquote pro Jahr liegt deutlich unter 1%. Meistens sind es zwischen 0,4%-0,5%. Hinzu kommt bei den Sparplänen lediglich eine Transaktionsgebühr. Diese bewegt sich meistens zwischen 1%-1,5%.

Fazit

Ein herkömmlicher Vermögensaufbau mit Lebens- oder Rentenversicherungen fällt heutzutage ins Wasser. Gefragt sind Geldanlagen durch ETFs in einer Zeit, in der die Zinsen bei null Prozent stehen. Die ETFs bringen natürlich erhebliche Schwankungen mit sich, die aber die Prämie für den langfristigen Erfolg ausmachen. Es ist nie zu spät, anzufangen. Der beste Zeitpunkt ist immer jetzt. Den Aktienmarkt kann man nicht timen, deshalb sollte man auch nie auf die Idee kommen, den Markt in irgendeiner Form abschätzen zu können. Doch langfristig steigen Aktienmärkte immer. Das beweist die Vergangenheit. Leider scheuen immer noch zu viele Privatanleger den Aktienmarkt und vergeben sich viele Chancen.

17 Kurz gegoogelt: Alternativen & Webadressen zur Finanz- und Versicherungsbranche

Wo und wie man sich am besten informiert, zeige ich in diesem Kapitel. Heutzutage gibt es etliche Finanzblogs mit qualifizierten Content, sprich Inhalt ohne einen subversiven Einfluss oder Meinungsbild vertreten zu müssen. Sie schreiben unabhängig und sind nicht in eine Richtung gestimmt. Es gibt bei den meisten keinen Interessenskonflikt. Zudem gibt es immens viele kostenlose Finanzportale, wo man sich informieren kann. Im Zeitalter der digitalen Welt rückt die Transparenz immer mehr in den Fokus.

Dies ist umso wichtiger, da die meisten Leute leider immer noch nur mit ihrem Bank- oder Versicherungsberater reden. Es ist besser, sich die Infos im Netz zu ziehen. Eine Unterhaltung beruht ja sowieso nur darauf, dass der Bankster oder Versicherungshai eine Provision kassieren will. Wenn man das Geld übrig hat, bitte. Ansonsten ist die elegantere und günstigere Regel eine andere.

Versicherungsvergleichs- und Bankvergleichsportale gibt es genügend. Dort kann man sich die günstigsten Tarife aussuchen und hat auch immer einen Ansprechpartner bei Fragen zur Hand. Direkte Konkurrenten sind im Vergleich dargestellt und die einzelnen Kostenpunkte ebenso. Ein deutlicher Pluspunkt bei den Onlineangeboten: Diese sind um einiges günstiger als Tarife, die mit einem Berater bei einem Termin daheim abgeschlossen werden. Der Grund ist ganz einfach: Erstens müssen die ganzen Vertriebsleute ja bezahlt werden. Dieser Lohn wird ja als Kosten mit in den Versicherungsmantel mit eingerechnet. Ergo müssen diese dann teurer sein. Zweitens gibt es fast keinen Unterschied, ob man online etwas abschließt oder mit einem Berater plaudert. Meistens kann man sogar online gezielt Schnäppchen machen. Man ist auch nicht dem Druck eines Beraters ausgesetzt, der mit seinen lästigen Anrufen immer wieder auf seinen Abschluss giert.

Im Internet nach Information suchen und filtern können die meisten. Dann noch eine unabhängige Meinung einholen. Das war es dann mit der Primäranalyse. Danach die Kosten-Nutzen-Analyse betreiben, abwägen und abschließen. So einfach geht das. Ein gutes Territorium, um sich zu informieren, sind auch bekannte Finanzblogger mit Ihren Homepages.

Bei den Bloggerseiten gibt es hochprofessionelle Blogger, die Ihre Expertise kostenfrei an Sie weitergeben. Viele haben auch keine lästige Werbung stehen und betreiben Aufklärungsarbeit. Eine feine Sache, wie ich finde. Hier werden viele Themen zum Aktienmarkt, der Börse, der Psychologie etc. abgehandelt und diskutiert. Einige betreiben dies wirklich hochprofessionell, ich lese die meisten sehr gerne und stehe auch mit einigen im Mailkontakt. Es gibt keine lästigen Angebote, keinen Verkaufsdruck, keine Interessenskonflikte oder sonstige Probleme.

Sympathisch sind diese Finanzblogger, die meisten noch sehr jung im Alter zwischen 18-35 Jahren. Auch eine besondere Eigenart. Es wird einem gleich das „DU" angeboten. Das lockert die anfängliche Distanz und ist in meinen Augen eine Offenheit, die ich aus dieser Branche gar nicht gewohnt bin. Der Entwicklungsprozess dieser Szene geht auf jeden Fall - wie die Themen Fintec und Robo Advisor zeigen - kontinuierlich weiter. Die noch bestehenden Strukturen und Hierarchien der arroganten Banker und Versicherer werden in Zukunft gnadenlos untergehen. Entweder sie kooperieren mit der Digitalisierung und ihren Innovationen oder sie werden in den nächsten 5-10 Jahren deutliche Marktanteile verlieren. Die dicken Jahre der Boni und superteuren Autos und dekadenten Villen mögen gezählt sein.

Die Branche scheint nicht sehr kreativ und auf den neuen Wandel erst recht nicht eingestellt zu sein. Zu sehr sind die Strukturen festgefahren. Dies ist der Vorteil vieler kleiner Mitbewerber, die deutlich schneller Trends erkennen und implementieren können. Die Geschwindigkeit zählt heutzutage in Zeiten des Turbo-Kapitalismus. Proaktives Handeln ist gefragt mit einem Gespür für zukünftige Trends und Technologien. Die Digitalisierung schreitet gnadenlos voran und wird auch vor der Bankenwelt keinen Halt machen.

Grundsätzlich ist es nämlich so, dass die meisten Banker nicht technikaffin sind und von daher keinerlei Ansätze kommen, um das große Thema der Digitalisierung anzugehen. Vieles wird von den Banken an Beratungen outgesourct. Allein die größte Bank in Deutschland gibt jährlich knapp eine Milliarde Euro zur Abdeckung der Digitalisierung aus.

Hier werden sich viele Gesellschaften gehörig umschauen müssen, um nicht den fahrenden Zug zu verpassen und den Trend zu verschlafen. Ansonsten heißt es dann zukünftig ADIEU Berater, ADIEU Bank und DO IT YOURSELF.

18   Do it Yourself: Interessantes und Unbekanntes aus dem Internetz!!

Wer mich privat oder als Autor / Blogger kennt, weiß, dass ich mittlerweile eine extreme Abscheu gegenüber Anzugaffen, Banken, sogenannten „Beratern" und Versicherungen entwickelt habe. Meine Abscheu steigert sich dann in ein permanentes Ekelgefühl, das sich dann noch mit Wut vermischt. In Diskussionen mit so genannten „Experten", stelle ich dann gerne zwei – bis drei „Totschlag"-Fragen und werde dann angeschaut, als komme ich direkt vom Mars. Mindestens. Bei sehr vielen Gesellschaften, Banken inklusive, werden die „Berater" darauf getrimmt, „Vertriebshuren" (m/w) zu werden...es müssen Opfer eingefangen, Provisionen generiert und Zahlen abgeliefert werden. Wer also nicht reales Lehrgeld in der Premium-Variante bezahlen will, muss sich selber über Themen wie Altersvorsorge, Finanzen und Versicherungen informieren! Es folgt gleich eine lose Auswahl von bekannten und weniger bekannten Internetz-Seiten, die ich mehr oder wenig regelmäßig häufig als Autor oder privat, oder beides, besuche........

Börseneinmaleins.de

(Der recht junge und sehr informierte Vermögensverwalter & Buchautor Florian Müller bloggt über alles rund um Aktien, Börsen und Märkte.)

der-privatier.com

(Alles zum vorzeitigen Ruhestand, Altersteilzeit & Co., sehr spannend zu lesen.)

fair-makler.com

(Die Internet-Adresse eines etwas anderen Maklers, dessen höchstes Ziel es ist, seine Kunden fair zu behandeln und sehr transparent zu informieren.)

finanzwesir.com

(Mit reichlich Lebenserfahrung und Gelassenheit bloggt der Finanzwesir über alles rund um Anlagen und Finanzen.)

finanzparasiten.de

(Interessante Einblicke in Strukturvertriebe, schon etwas älter, dennoch lesenswert.)

investmentpunk.com

(Die Internet-Präsenz vom Multi-Millionär und Erfolgsautor Gerald Hörhan.)

Kritische-Anleger.de

(Der Name sagt eigentlich alles!)

Madame Moneypenny.de

(Mit einer speziellen Leichtigkeit schreibt Natascha aka Madame Monneypenny über Finanzthemen, ihr Blog ist, nicht nur für Frauen ein Volltreffer.)

nachdenkseiten.de

(Auch hier sagt der Name eigentlich alles!)

Reich-mit-Plan.de

(Fachkompetenz und Unterhaltung pur.)

zendepot.de

(Der Finanzblog für entspannte Leute.)

Alle diese Seiten wurden am 01.08.2016 abgerufen und waren zu diesem Zeitpunkt online.

19 (Fast) zu guter Letzt: Praxistest oder haben Sie schon einen Keks genommen?

Irgendwann im Jahr 2015, ich hatte vor einigen Monaten mein erstes Buch veröffentlicht (Achtung Produktplatzierung: Das! Versicherungsberatungs Komplott), rief mich eine alte Bekannte an, Kirsten Degner. Sie war aus Jobgründen in irgendein Nest irgendwo zwischen Münster und Jever gezogen. Jetzt hatte sie zwar einen deutlich besser bezahlten Job, sah ihre Freundinnen und Kollegen aber überwiegend nur auf facebook.de oder per Skype-Telefonat. Nach einigem Smalltalk und Quick & Dirty-Geschichten (sie genoss ihr Single-Leben mit allen Sinnen) erzählte sie, ihr Bank-Berater hätte sie zu einem für sie wichtigen Termin in die Bank eingeladen. Es sollte um ihre (finanzielle) Zukunft gehen.....bei mir klingelten alle Alarmglocken gleichzeitig. Ich bot ihr unkompliziert meine Unterstützung bei dem Termin an, außerdem freute ich mich darauf, Kirsten mal wiederzusehen.

Drei Wochen später, steuerte ich donnerstags-morgens meinen silber-grauen PT Cruiser GT 2.4 Turbo durch ein verschlafenes Nest, hier waren anders, als ich es aus dem Ruhrgebiet gewohnt war, kaum Menschen auf der Straße. Nur die Tankstellenangestellte freute sich, uns (den Ami & mich) zu sehen........223 PS & ein hohes Leergewicht und ein Volumen wie ein Minivan fordern ihren Tribut in Form von feinstem Sprit!

Kurz vor meinem Ziel erregte ein Plakat meine Aufmerksamkeit.....EXXX...Versichern   XXXXXXXXXXXXXX....ich lachte laut auf und war kurz vorm Lachkrampf. ....Gedanken an die unrühmlichen Schlagzeilen, die diese Versicherung mal gemacht hatte, schossen durch meinen Kopf.. Ich erinnerte mich an One Night in Budapest....Budapest Player Spezial....Einer geht noch....Erotische Reisen gut organisiert oder Eine richtig geile Orgie!

Ich erreichte Kirstens schicke Wohnung ohne Unfall und wir tranken erst einmal ganz entspannt einen Latte Macchiato nach den anderen und tauschten alte und neue Kamellen aus, bis zum Termin waren noch vier Stunden Zeit. Allerdings fuhren wir auch fast 40 Minuten bis zur nächstgrößeren Filiale ihrer Bank. Die Filiale in ihrem kleinen Nest war schon zwei Jahre vorher in eine Personalkosten-befreite-SB-Banking-Station umgebaut worden. Dass viele ältere OFF-Line-Kunden mit der Bedienung der Automaten und Geräte vollkommen überfordert waren und sind, interessiert die Bank & ihren Vorstand nicht, die Steigerung des Jahresgewinnes und der Vorstandsgehälter hat Vorrang.

„Na, du Autor, jetzt siehst du mal, wie gut bei meiner Bank beraten wird!", lachte Kirsten. „Ich fürchte, kriminell gut verkauft, wird dort", erwiderte ich, grinsend.

Nach einer Fahrt kreuz und quer durch die Pampa betraten wir in einer mittelgroßen Stadt einen Marmorpalast. Ihr BANK-Berater, ein Herr Killic, empfing uns in einem teuer eingerichteten Büro. Ich wurde als ihr Verlobter vorgestellt, in den Augen des Beraters konnte ich die Enttäuschung lesen. Eine einzelne Frau wäre leichtere Beute gewesen.....

Es begann, wie so oft mit drei Dingen, Smalltalk, Kaffee und Kekse (kommt es Ihnen bekannt vor / die Reihenfolge kann auch leicht variieren), auch die SKK-Phase genannt.

Dann fing Herr Killic berufsbedingt an, neugierig zu werden, er müsste dieses und jenes wissen. Zum Glück hatte ich Kirsten vorher „geimpft", so gab sie keine relevanten Informationen heraus! Ich hielt mich dezent und keksessend im Hintergrund. Nach der Ausfrage und – Datensammelphase kommt normalerweise die Angsthasen-Phase! Der Berater (ha,ha) erzählte von ihrer furchterregenden Finanzlücke im Alter. Er kannte zwar nicht alle Fakten (Sie bezieht noch monatliches passives Einkommen, welches monatlich auf zwei Konten bei Online-Banken eingeht), trotzdem errechnete er eine Rentenlücke von mindestens 2200 € monatlich!!! Ich musste mein Lachen unterdrücken und ernst bleiben.

Jetzt kam die Käse-in-der-Mausefalle-Phase. Sie könnte ja dem Finanzamt ein Schnippchen schlagen und mit dem nachfolgenden Produkt Steuern sparen, sagte Herr Killic. Beim Thema Steuern sparen werden ja auch die kleinkariertesten Gering- und Mittelverdiener feucht im Schritt. So ein Argument lockt natürlich ungemein....wie die Schlossallee bei Monopoly....Steuern sparen....ha, dem ach, so bösen Staat eins ausgewischt! Da beginnt bei jedem berufstätigen Gartenzwerg-Aufsteller & Diesel-im-Schatten-Parker & Samstags-Autowascher ein Synapsenfasching sondergleichen.

Zu guter Letzt kam die Ass-im-Ärmel-Phase....eine fondsgebundene-Riester-Rente!

Killic fasste noch einmal alle, wirklich alle, Vorteile zusammen, überhöhte die Vorteile und erwähnte keinen Nachteil. Keinen einzigen, gar keinen, ganz und gar keinen!!

Mitten in seinem Anfall von blumigem Sprechdurchfall stand ich einfach auf, bedankte mich für den Kaffee und die Kekse. Kirsten folgte mir, ein verdutzter und ungläubiger Berater schaute uns nach.

(Aufbau Verkaufsgespräch: Smalltalk+Kaffee-Keks-Phase, Ausfrage-Phase, Angsthasen-Phase, Käse-in-der-Mausefalle-Phase, Ass-im-Ärmel-Phase // Ältere Leute Ü60 mit Kapital //auf dem Konto//, sind für die Bank-Aasgeier natürlich viel „nahrhafter", als junge Leute ohne Kohle.)

20   Ein Fazit und ein elementarer Epilog

Nach fast neun Monaten nebenberuflicher Arbeit, unzähligen Nachtschichten und ungezählten Dosen Red-Bull haben wir es tatsächlich geschafft, dieses Buchprojekt zu beenden.

Es wurden Hunderte von Gesprächen geführt mit Vertretern, Verkäufern, Maklern, Honorarberatern, Branchenkennern, Finanzexperten usw., teilweise kamen mir die Pro-Riester-Argumente schon aus den Ohren wieder heraus. Oft wusste ich nach einer gewissen Zeit schon, welches Argument als nächstes kommt, bevor es ausgesprochen wurde. Eine gewisse Zeit lang konnte man unseren Küchentisch gar nicht mehr sehen, so viele Unterlagen, Blätter, AGBs, etc. etc. lagen darauf.

In der Entstehungsphase von Riester war es auch wohl auch anders geplant, so sollte es zum Beispiel weniger Bürokratie geben, die Verwaltungsstellen für die Zulagen sollten bei den zuständigen Finanzämtern angelegt werden. Aber durch politischen Druck und durch Interessen von mächtigen Verbänden und Anderen wurde die gute Grundidee wohl immer weiter verformt.

Gut gedacht, schlecht gemacht trifft es wohl am ehesten.

Hohe Abschluss und – Vertriebskosten, unrealistische Sterbetafeln, gravierende Nachteile und davon immer mehr: Viele Riester-Sparformen sind mit extremen Nachteilen behaftet, dass Menschen die Lust an der Riester-geförderten Altersvorsorge glatt vergeht. Je länger man sich mit der Thematik beschäftigt, umso mehr Nachteile für den Kunden werden freigespült. Jeder Apfel, jede Birne, jeder Joghurt muss in Deutschland genau gekennzeichnet und ausgepreist sein, aber hier werden teilweise Produkte angeboten, wo es um vier bis – fünfstellige Summen geht und kein Mensch weiß, was das Produkt genau kostet oder wie in der Zukunft die Rentenhöhe genau sein wird. Verrückt, aber Legal und Zertifiziert - das gibt es nur in Deutschland!

Wir halten Riester aus den vorher im Buch genannten Gründen für die Mehrzahl der Menschen, die fürs Alter vorsorgen wollen, für unpassend. Ja, fast schon für grob fahrlässig und für gefährlich.

Warum grob fahrlässig oder gefährlich, werden jetzt einige denken. Und zwar aus fünf Hauptgründen: Alles, was eine sehr lange Laufzeit hat, über mehrere Jahrzehnte, hat erfahrungsgemäß eine hohe Stornoquote. Wir denken da an Lebensversicherungen und Baufinanzierungen – und an Ehen. Da spielt auch mit herein, dass das Leben bei den allermeisten nicht linear verläuft und es nicht möglich ist, Kapital flexibel zu entnehmen. Wie schon in vorherigen Kapiteln mehrfach beschrieben, werden viele Menschen in der bedarfsorientierten Grundsicherung landen. Ihre schöne Riester-Rente „verpufft" dann quasi von jetzt auf gleich. Bei den anderen wird sich das Finanzamt brennend für die zusätzlichen Einnahmen interessieren. Nicht zu vergessen, die schleichende Geldentwertung, der sogenannte Kaufkraft-Verlust.

Auch kann kaum einer seriös vorauszusagen, was zum Beispiel in 40 Jahren Sache ist.

Gibt es den Euro dann noch? Stichwort: Brexit! Gibt es die EU dann noch? Welche Versicherungen oder Banken gibt es dann noch? Wie hoch sind dann die Steuern? Stoppt der Staat vielleicht irgendwann die Zulagenzahlungen an die Banken und Versicherungen, weil dringend das Kapital an anderer Stelle benötigt wird?!

Vollkommen klar, dass bezahlte Vertreter, Lobbyisten, Verkäufer, Versicherungsjogis, bezahlte Bauern, Miet-Professoren, Struktur-Vertriebler usw., eine ganz andere Meinung haben, Riester für die Mehrzahl der Menschen die vorsorgen wollen, genau passend halten.

„Wes Brot ich ess, des Lied ich sing..."

Es mag einen geringen einstelligen Prozentsatz der Menschen geben, wo das Leben vollkommen unaufgeregt linear verläuft. Zum Beispiel, dass eine Frau nur den Grundbetrag in Riester einzahlt und die Zulagen für drei Kinder abschöpft. Ihr Leben verändert sich so gut wie gar nicht und sie wird auch noch 125 Jahre alt, dann ist Riester für sie wahrscheinlich ein gutes Geschäft und für die Versicherung ein schlechtes. Doch das sind Einzelfälle. Auch mehrere längere Gespräche mit dem Versicherungsmakler und Fachwirt für Finanzberatung – IHK, Eberhard Stopp (fair-makler.com), bestätigten mich in meiner Meinung, dass Riestern für die Masse vollkommen ungeeignet ist.

Wer fürs Alter intelligent vorsorgen will, kann es trotzdem schaffen und wird es auch schaffen, abseits von Produkten, die mit einer gigantischen Verkaufsmaschinerie angepriesen werden.

Wer schon riestert, der kann sich gerne mal unsere Riester-Realwert-Prognose-Z-Formel anschauen. Alle anderen auch, aber nicht erschrecken, bitte vorher hinsetzen.

21 „If I had a blogger": Prominente-Top-Blogger über Riester & Rürup!

Florian von Börseneinmaleins

An dieser Stelle möchte ich dem Finanzblogger Florian Müller von www.boerseneinmaleins.de danken. Er ist unter anderem Vermögensverwalter, Autor der Bücher „Vorsorgemodell 4.0 – Das ZARAS Prinzip für eine erfolgreiche Geldanlage" und „Börseneinmaleins" und Investor. Auf meine Anfrage, eine Stellungnahme zu Riester zu schreiben, hat er nun folgenden Text geschrieben:

Hallo Robert,

erstmal vielen Dank für deine Anfrage zu einem Thema, dessen mediale Aufmerksamkeit immer mehr an Fahrt gewinnt. Die Riester Rente in ihrer ganzen Komplexität ist kaum zu erfassen und bedarf einer genauen und gründlichen Prüfung. Ich selbst besitze keine Riester Rente, da die Kosten auch hier wie bei anderen Finanzprodukten enorm hoch sind und den vermeintlichen Vorteil der „staatlichen Zulage" komplett aufwiegen. Auch ist es so, dass die meisten diese Förderung oder den staatlichen Vorteil in ihrer Steuererklärung nicht ausnutzen. Bei den mittlerweile über 16 Millionen Verträgen ein trauriges Bild. Klar gibt es Konstellationen, in denen sich womöglich eine Riester Versicherung lohnt. Dies sollte aber eher die Ausnahme sein und dürfte sich im einstelligen Prozentbereich bewegen.

Die ganzen Unwägbarkeiten und den undurchsichtigen Versicherungsmantel wollte ich nicht haben. Erstens können von jetzt auf Nachher Zulagen reduziert oder sogar gekappt werden und zweitens kann eine neue Regierung neue Gesetze beschließen, welche noch nachteiliger auf die ohnehin schon schlechten Konditionen dieser Versicherung wirken. Gerade in einer immer schneller werdenden Welt muss man agil agieren können. Mit der Riester Rente ist dies überhaupt nicht möglich. Zusätzlich negativ ist, dass man bei so einer Versicherung nur Gläubiger ist und eine Forderung gegenüber der Versicherung respektive der Bank hat. Forderungen können auch teilweise oder ganz ausfallen, sobald eine Versicherung in eine wirtschaftliche Bredouille kommen sollte. Dafür gibt es den §89 VAG, welcher zugunsten der Versicherung ausgelegt ist. Angesichts der Niedrigzinspolitik wird das Wirtschaften für die Versicherungen und Banken immer schwieriger. Für Riester sprechen lediglich zwei Ködermittel, die „staatlichen Zulagen" und die „Steuerersparnis". Dem stehen deutlich mehr Negativpunkte gegenüber. Und wie im Buch erläutert wurde, sind diese zwei Vorteile eigentlich gar keine. Zum einen wird die Steuerersparnis kaum genutzt, zum anderen bekommt der Kunde nicht die staatlichen Zulagen, sondern die Versicherung. Und diese verrechnet die Zulagen mit den Kosten, sodass fast nichts übrig bleibt.

Heutzutage muss man flexibel handeln können. Die Riester Rente ist, wie ich in einem Blogbeitrag schon mal geschrieben hatte, ein reines Fiasko und füllt lediglich die Versicherer und Banken mit Milliardengeldern. Natürlich gibt es Ausnahmen und Einzelfälle, wo sich Riester auch lohnt. Diese bewegen sich aber im einstelligen Prozentbereich. Es gibt bei Weitem lukrativere Anlageformen abseits der staatlich offerierten Produkte, die zudem vollkommene Transparenz und maximale Kontrolle über das eigene Geld bieten.

In einer Zeit ohne nennenswerte Zinsen aus soliden und festverzinslichen Wertpapieren muss ein gewisses Risiko gewagt werden, um bei seinem Vermögensaufbau voran zu kommen. Dazu bieten sich auch für Normalverdiener gute Möglichkeiten mit den ETFs, mit denen man auch mit monatlichen Sparbeträgen ab 25€ vorsorgen kann. Auf lange Sicht, mit einem Zeithorizont von über 10 Jahren, bieten sich am Aktienmarkt die besten Chancen, seine Rendite zu optimieren. Hier sind langfristig Renditen von 6-8% möglich. Eines ist jedoch gefordert: Disziplin, Beharrlichkeit und eine gewisse Ausdauer. Dies muss sukzessive erlernt werden und erfordert eine mentale Stärke. Ein Umdenken muss in den Köpfen stattfinden, weg von staatlich offerierten Produkten, hin zu der Selbstverantwortung für sein Geld. Die transparenten Informationen dazu sind alle im Internet vorhanden.

Alex von Reich mit Plan

Alex Fischer ist seit vielen Jahren Finanzblogger und auf seinem Blog http://www.reich-mit-plan.de schreibt er über Themen des Vermögensaufbaus. Für Anleger, die Dividenden-Strategien verfolgen, bietet er den Service Dividenden-Alarm an. Durch verschiedene passive Einkommen hat er sein Ziel der finanziellen Unabhängigkeit bereits mit 37 Jahren erreicht. Auf meine Anfrage, eine Stellungnahme zu Riester zu schreiben, hat er nun folgenden Text geschrieben:

Hallo Robert,

vielen Dank für deine Anfrage. Anbei hast du meine Stellungnahme zu Riester.

Als die Riester Rente 2002 eingeführt wurde, war Deutschland begeistert und alle glaubten, dass der Staat uns einen Zuschuss zur gesetzlichen Altersvorsorge gewährt und die Angst vor der Altersarmut ins Hintertreffen gerät. Ich war von Anfang an skeptisch. Sollte ich meine Altersvorsorge wirklich erneut in staatliche Hände begeben? War das Thema staatliche Rente nicht schon undurchsichtig genug? Warum also sollte ich nun ein weiteres Mal zusammen mit dem Staat meinen Lebensabend planen?

Mein persönliches Ziel ist und war immer die Unabhängigkeit. Nicht nur in finanzieller Hinsicht. In allen Lebensbereichen versuche ich, so gut es geht nicht abhängig von Dritten zu sein. Aus diesem Grund verwalte ich auch mein Vermögen selbst, denn ich möchte in jeder Lebenslage frei entscheiden können, wie ich mein Kapital nutzen möchte. Ganz ohne Auflagen und Bedingungen mit maximaler Flexibilität und Transparenz.

Allein diese vier genannten Punkte werden von der Riester-Rente nicht erfüllt. Wer zudem den Ansatz verfolgt, nur in Produkte zu investieren die er versteht und auch selbst mit eigenen Worten erklären kann, der darf ein Riester-Produkt im Grunde gar nicht abschließen. Die meisten Riester-Kunden aber verstehen weder ihr abgeschlossenes Produkt noch können sie die vollständige Funktionsweise in einfachen Worten jemandem erklären.

Spätestens bei Fragen zur steuerlichen Behandlung oder wie die Phase der Inanspruchnahme im Detail funktioniert, gerät die überwiegende Zahl der bisher begeisterten Kunden in Erklärungsnot.

Nun will ich nicht überheblich oder allwissend klingen. Nein, auch ich habe meine Probleme mit Riester. Es ist an vielen Stellen auch für mich ein unerklärliches, unverständliches und intransparentes Finanzprodukt. Eines, von dem mein Lebensabend abhängen soll?

Dabei bringt die Riester-Rente nur sehr wenigen Menschen ein paar Vorteile und empfiehlt sich überhaupt nicht, wenn die

Rente vererbt oder der eigene Lebensabend im Ausland verbracht werden soll. Dies sind zwei sehr wichtige Punkte in meiner zukünftigen Lebensplanung.

Aber auch eine flexible Inanspruchnahme im Rentenalter sowie eine transparente Kostenstruktur inklusive der steuerlichen Behandlung während der gesamten Laufzeit sind keine Aushängeschilder von Riester.

Entscheide ich mich mit Eintritt in die Rente für eine Auswanderung, verliere ich meinen Anspruch auf die Riester-Rente. Praktisch habe ich mein bisheriges Leben vergeblich in einen mir nun nicht mehr zustehenden Vertrag eingezahlt. Niemand kann zudem im Detail sagen, was genau ein Riester Vertrag über die gesamte Laufzeit kostet. Auch die Details, welche die steuerliche Behandlung mit sich bringt, sind für Laien nicht nachzuvollziehen.

Sicherlich gibt es beim Riestern unterschiedliche Methoden und Möglichkeiten sowie verschiedene monatliche Summen, die man in die Altersvorsorge investieren kann. Die Riester Versicherung gehört zu den am häufigsten gewählten Sparplänen, obwohl sie gerade in Punkto Vererbbarkeit vor unlösbare Probleme stellt. Wer sich eine Rentengarantie sichern möchte, muss tief in die Tasche greifen und die Vererbbarkeit kaufen.

Aber auch hier gilt sie primär für den Ehepartner oder die eigenen Kinder. Verwandte anderen Grades werden ausgelassen oder müssen mit enormen Abzügen rechnen.

Beim Riester Fonds- und Banksparen sieht die Auszahlung nach Ableben des Versicherungsnehmers noch komplizierter aus. Stirbt der Sparer vor dem 85. Lebensjahr, gehen die Zulagen und staatlichen Zuschüsse für die Erben verloren. Erreicht er aber ein sehr hohes Alter und wird über 85 Jahre alt, erlischt der gesamte Erbanspruch und die Erben gehen leer aus.

Nun mag man sich fragen, warum der Sparer Geld anlegt und davon ausgeht, dass er damit die Hinterbliebenen absichern und ein gutes Werk vollbringen kann. Hier würden böse Zungen sogar behaupten, dass ein vor dem 85. Lebensjahr eintretender Todesfall noch Vorteile beinhalten würde.

Generell können sich Riester Sparer niemals ihr gesamtes Vermögen auszahlen lassen, sondern müssen sich mit einem monatlich kleinen Zubrot abfinden. Die Einschränkungen sind so enorm, dass diese Sparform entgegen aller Vorstellungen einer guten Altersvorsorge steht und sich weder für Gut- noch für Geringverdiener lohnt.

Infolge der Nachteile beim Riestern erfordert die optimierte Vorsorge für den Lebensabend ein Umdenken. Um vernünftige Renditen zu erzielen und ein vererbbares Vermögen anzusparen, sind echte Wertpapiere jeglicher Art (Aktien, Fonds, ETFs oder Anleihen) langfristig gesehen eine viel bessere Alternative und dies sogar ganz ohne staatliche Zuschüsse.

Allerdings benötigt man für diese Art der Geldanlage ein gewisses Finanzwissen. Dieses muss man sich in vielen Monaten und Jahren aneignen. Es ist praktisch mit einer der wichtigsten Lebensprozesse. Viele Anleger wollen diesen harten und steinigen Weg nicht gehen.

Sie werden geblendet durch staatliche Zuschüsse, sind sprachlos bei auftretenden Fragen zu Details und seitenlangen Vertragsbedingungen sowie taub gegenüber kritischen Meinungen zum Thema Riester. Was andere haben, kann für mich nicht schlecht sein, scheint hier die Devise zu sein.

Meine Finanzen sowie meinen Vermögensaufbau betrachte ich ganzheitlich. Ich denke heute bereits über meine Zukunft nach. Eine Zukunft, in der ich weiterhin unabhängig sein möchte. Ich möchte dort hingehen können, wo ich und mein Vermögen willkommen sind, wo man uns in Ruhe lässt und nicht dauerhaft finanziell drangsaliert oder knebelt.

Verträge wie Riester, mit kurzer Leine, unzähligen Bedingungen und Fallstricken, passen da leider nicht in mein Portfolio. Viele Millionen deutscher Anleger scheinen die Nachteile von Riester offensichtlich nicht zu stören. Damit zähle ich mit meiner Riester-Abneigung wohl zu einer Minderheit. Ich habe aber das Gefühl, dass dies nicht zu meinem Nachteil sein wird – denn vermögend wird nicht die Masse, sondern eben nur eine kleine Minderheit.

Natascha von Madame Moneypenny

Mit der Gründung meiner Firma habe ich mich vor vier Jahren von der gesetzlichen Rentenversicherungspflicht befreien lassen und schloss ca. ein Jahr später eine Rürup-Rente ab. Warum? Weil ich mich von einer Maklerin dazu habe bequatschen und von den Steuervorteilen locken lassen. Ich war zu naiv und auch zu faul, dieses Produkt selbst zu verstehen und mich intensiver damit auseinander zu setzen. Wohl gefühlt habe ich mich mit dieser Versicherung jedoch nie. Erst nachdem die gleiche Maklerin versucht hatte, mir eine ganze Reihe aktiver Aktienfonds zu verkaufen, habe ich auf mein Gefühl, das mir sagte „Hier stimmt doch irgendetwas nicht..." gehört und die Verträge meiner Rürup-Rente genauer angesehen.

Ich fand eine Beitragserhöhung um 900 Euro auf 1.200 Euro ab Dezember 2016. Davon hatte ich vorher noch nie gehört und war ziemlich geschockt, denn ich hatte natürlich nicht vor, 1.200 Euro monatlich zu leisten. Nach eingängigen Recherchen, auch mithilfe einer unabhängigen Honorarberaterin, musste ich mit Erschrecken feststellen, dass dieser rasante Anstieg des monatlichen Beitrags zusätzlich mit einer Erhöhung der sogenannten Vertriebskosten einherging.

Konkret würde ich 18.000 Euro an Gebühren zahlen. Und zwar zusätzlich zu den bis dato schon gezahlten 4.000 Euro. Folglich würden ganze 22.000 Euro meiner Beiträge nicht in die besparten Fonds fließen, sondern hintenrum an die Maklerin in Form einer Provision ausgezahlt werden. Dieser Wahnsinn ist natürlich kein Gegenargument für Riester und Rürup per se, denn sie fallen nur bei Vertragsabschlüssen über einen Provisionsmakler an. Dennoch finde ich solche Vorkommnisse bezeichnend für die ganze Branche: Sie ist höchstgradig intransparent. Und zwar mit voller Absicht. Die Ahnungslosigkeit von Kundinnen und Kunden wird eiskalt ausgenutzt.

Nach umfangreicher Prüfung und intensiver Auseinandersetzung mit dem Konzept der Rürup-Rente habe ich entschlossen meinen laufenden Vertrag beitragsfrei zu stellen und somit keine weiteren Beiträge zu leisten. Die bereits gezahlten Gebühren habe ich für mich als Sunk Costs verbucht und bei der Entscheidungsfindung außer Acht gelassen.

Meine persönlichen Gründe gegen Rürup sind folgende:

1. Begrenzte Verfügbarkeit: Wenn das Geld einmal bei dem Versicherer angekommen ist, habe ich keinerlei Verfügung darüber und muss auf die Auszahlungen im Rentenalter warten. Natürlich ist das genau der Sinn dahinter: Man wird quasi zu Disziplin gezwungen. Mir persönlich jedoch ist es wichtiger, im Notfall oder auch einfach zum Vergnügen an mein Geld zu kommen. Es gehört schließlich mir.

2. Schwache Renditen: Aufgrund der laufenden Gebühren, die man an den Versicherer zahlt, reduziert sich die reale Rendite, beispielsweise im Vergleich zu ETFs, die man selbst bespart, extrem.

3. Fehlendes Vertrauen in die Politik: Ja, die Rürup-Beiträge sind steuerlich absetzbar, aber wer garantiert dies für die nächsten 35 Jahre, die ich noch bis zu Rente habe? Wenn dieser Bonus wegfällt, sehe ich kaum noch Vorteile einer Rürup-Rente. Überschüsse in der Entwicklung der Fonds sind natürlich durchaus möglich. Das waren sie bei Lebensversicherungen auch mal. Bis die Lobby der Versicherer ein Gesetz durchdrücken konnte, dass die Sparer um ihre einst vertraglich zugesicherten Überschüsse brachte. Da ich keinerlei Einfluss darauf habe, was Wirtschaft und Politik treiben, würde ich mich deren Treiben wahllos aussetzen. Das ist für mich so ziemlich das Gegenteil von finanzieller Unabhängigkeit.

4. Intransparenz: Ich habe mich durchaus einige Zeit mit dem Thema Riester/Rürup befasst und muss sagen, dass ich noch immer nicht das Gefühl habe, alles komplett zu verstehen. Und mich haben Lust und Motivation verlassen weitere Stunden meiner Zeit zu investieren, um am Ende wieder mehr Fragen als Antworten zu haben. Aufgrund fehlender Transparenz

und der Komplexität der gesamten Thematik stehen Kosten und Nutzen der weiteren Auseinandersetzung mit diesem Produkt für mich in keinem akzeptablen Verhältnis mehr.

Ich habe für mich persönlich beschlossen, mein Geld nur noch selbst anzulegen anstatt eine Versicherung damit zu beauftragen. Selbst eine „normale" private Rentenversicherung mit voller Flexibilität (jedoch ohne Steuervorteil) lohnt sich rechnerisch meiner Meinung nach nicht: Die garantierten Beiträge liegen weit unter dem, was ich letztendlich hätte, wenn ich das Geld selbst investieren oder gar unter mein Kopfkissen legen würde. Daher: Selbst ist die Frau!

Über Natascha:

Natascha ist Berliner Unternehmerin (unter anderem Gründerin von wg-suche.de) und bloggt unter www.madamemoneypenny.de über finanzielle Freiheit speziell für Frauen. Vor kurzem veröffentlichte sie ihr erstes Ebook mit dem Titel „Bali statt Bochum - Wie jede Frau ihr Ticket in die finanzielle Unabhängigkeit löst." Das Ebook dient als Schritt-für-Schritt-

Anleitung für jede Frau, die ein Vermögen aufbauen und sich selbst unabhängig von Arbeitgebern und Institutionen machen möchte. Natascha geht dabei auf typische „Frauenfehler" ein, begleitet ihre Leser*innen auf ihrer Reise über Status Quo, Asset Allocation, Risikobereitschaft bis hin zur konkreten Umsetzung anhand des Weltportfolios nach Kommer. Es folgen Anregungen und Ideen, wie jede Frau durch Unternehmertum mehr verdienen und anhand der richtigen Denkweisen mehr Geld sparen kann. Zusätzlich werden Themen wie grüne Investments, Kinder und Geld sowie Geld in Beziehungen diskutiert. Neben dem Buch erhält man außerdem eine Haushaltsbuchvorlage sowie eine Excel-Datei mit Vorlagen zur Asset Allocation, dem Weltportfolio in 6 Varianten mit konkreten Produkten, Sparplänen sowie eine Tabelle mit vorrecherchierten ETFs.

22 Die Riester-Realwert-Prognose-Z-Formel! (Was ist meine Rente wert!)

Früher hat man noch häufiger folgenden Spruch gehört: „Oooch damals, joa damals, habe ich für fufffzig Mark den ganzen Einkaufswagen vollgekriegt." Wer das Glück hat, Oma und Opa noch zu erleben, der hört diesen Spruch vielleicht sogar noch heute. Dass die Einkaufswagen im Gegensatz zu früher deutlich tiefer, sogar etwas länger geworden sind, lassen wir jetzt mal einfach außen vor. Was die Leute mit dem Spruch ja meinen, der 50iger-Schein war früher einmal mehr wert.

Da wir ja berechtigt auf die Riester-Rente „eingedroschen" haben, gingen unsere Überlegungen in die Richtung, was könnte die Riester-Rente als lebenslange Leibrente denn dann in der Zukunft wert sein? Also salopp gesagt, was ist meine Rente in der Rente wert.

Folgende Punkte haben wir dabei berücksichtigt, um dann auf eine Formel zu kommen:

a) der Zusammenhang zwischen Inflation, Jahren und Kaufkraft muss berücksichtigt sein

b) da das Ergebnis für jeden individuell ist, müssen (fast) alle Parameter veränderbar sein

Weiter Überlegungen waren, die Formel muss für alle anwendbar sein.

Auch sind wir von durchschnittlich 25%-Steuern ausgegangen.....Richtung 50% wäre für die meisten genauso unrealistisch wie gegen 0% Steuern. Das **Z** in unserer Formel steht einfach nur für **Zukunft**.

Es gibt ja in der Rentenphase nur zwei Möglichkeiten. Entweder bist Du in der bedarfsorientierten Grundsicherung oder das Finanzamt bekundet Interesse an Deinen Einnahmen!

Unsere letzte Überlegung war, dass der Riester-Sparer ja **nur** von der garantierten Rentenhöhe ausgehen kann. Überschussbeteiligungen, Beteiligungen an Bewertungsreserven, Sonderzuteilungen etc. sind ja nur ein Blick in die Glaskugel.

Bei der garantierten Rentenhöhe ist auch noch darauf zu achten, dass ein harter Rentengarantiefaktor sowie keine Treuhänderklausel im Vertrag „verbaut" sind.

Da die meisten Riester-Renten deutlich unter 100€ liegen (Süddeutsche Zeitung, 14.11.2014, S.23/ Finanztest 6/2012, S.34 ff.), sind wir in unserem Beispiel von einer heute gerade 26-jährigen jungen Frau ausgegangen, die durch eigene Einzahlungen und Zulagen dann 120€ monatlich garantierte Rentenhöhe kommt und noch genau 40 Jahre lang einzahlt. Nennen wir sie Karla.

Die Formel:

Schritt 1:

garantierte Rentenhöhe: 100 = Ergebnis x 75% (25% Steuer abgezogen) = Ergebnis 1 nach Steuern

Schritt 2:

Ergebnis 1 : 1,0Y (das Y steht für die Höhe der Inflation) Y hoch X (X steht für die Anzahl der Jahre)

Dabei rechnen wir mit vier möglichen Szenarien für Karla: Einem sehr positivem, einem möglichst realistischem und einem für die Kundin recht ungünstigsten Szenario. Zum Schluss dann noch ein Worst-Case-Szenario.

Im ersten Szenario rechnen wir mit 1% Inflation, im zweiten mit 2% Inflation und im dritten Szenario mit 4% Inflation.

1 S. garantierte Rentenhöhe 120------Riester-Realwert-Prognose-Z--->**60,45€** (1% Inflation p. Jahr)

2 S. garantierte Rentenhöhe 120------Riester-Realwert-Prognose-Z--->**40,76€** (2% Inflation p. Jahr)

3 S. garantierte Rentenhöhe 120------Riester-Realwert-Prognose-Z--->**18,74€** (4% Inflation p. Jahr)

Die Ergebnisse haben uns schockiert. So bleiben von 120€-Kaufkraft-heute beim Szenario 1 gerade einmal **60,45€** beim Szenario 2 gerade einmal **40,76€** und beim 3 Szenario gruselige **18,74€** als Kaufkraft-Wert in der Zukunft übrig.

Wir haben hier einmal ein Worst-Case-Szenario für die Kundin dargestellt. Die durchschnittliche Inflation liegt bei hohen 3% im Schnitt über die Jahre, die Geschäfte der Versicherungen laufen immer schlechter, was Karla nicht wusste, in ihrem Vertrag war ein weicher Rentengarantiefaktor (50%) verbaut. Das heißt die Versicherung durfte die garantierte Rentenhöhe um die Hälfte kürzen. So blieben von 120€ garantierter Rentenhöhe nur 60€ garantierte Rentenhöhe übrig. Wir rechnen mal ganz normal mit der Formel:

Unfassbare 13,79 Euro Kaufkraft kommen dann monatlich heraus, wahrscheinlich gibt es in der Zukunft einen großen Kaffee dafür, ohne Milch und Zucker.

Natürlich sind dies alles nur Beispiele, aber es zeigt gut, wie das Geld über die Jahre, Jahrzehnte an Kaufkraft verliert. Jemand Unbekanntes sagte mal: „Gelder sind eigentlich nur Gutscheine, die man gegen Waren und Dienstleistungen umtauschen kann!".

Dann hoffen wir mal für Karla, dass sich die Zukunft nicht so schlecht entwickelt!!!

Auf den nächsten Seiten noch zwei übersichtliche Excel-Tabellen, wie sich 25, 50 und 75 Euro sowie 100, 200 und 250 Euro garantierte Rentenhöhe bei 25, 30 und 40 Jahren bei jeweils 1%, 2% und 3% Inflation und abzüglich der Steuer entwickeln werden.

25 € Laufzeit	Inflation 1%	Inflation 2%	Inflation 3%
25 Jahre	14,62 €	11,43 €	8,96 €
30 Jahre	13,91 €	10,35 €	7,73 €
40 Jahre	12,59 €	8,49 €	5,75 €

50 € Laufzeit	Inflation 1%	Inflation 2%	Inflation 3%
25 Jahre	29,24 €	22,86 €	17,91 €
30 Jahre	27,82 €	20,70 €	15,45 €
40 Jahre	25,19 €	16,98 €	11,50 €

75 € Laufzeit	Inflation 1%	Inflation 2%	Inflation 3%
25 Jahre	43,86 €	34,28 €	26,87 €
30 Jahre	41,73 €	31,05 €	23,18 €
40 Jahre	37,78 €	25,47 €	17,24 €

Abbildung 6: Entwicklung der Kaufkraft mit 25, 50 und 75€

Was hier deutlich zu sehen ist, dass die Inflation langfristig gesehen an der realen Kaufkraft nagt. Bei 25€ monatlicher Zusatzrente, bekomme ich nach 40 Jahren und einer angenommenen Inflation von 2% gerade mal 8,49€ an Gegenwert. Das reicht für ein Big Mac Menü mit Pommes und einer großen Cola, zu mehr aber dann auch nicht mehr. Bei 50€ monatlicher

Zusatzrente und einer Inflation von 2% kann ich mir nach 40 Jahren gerade mal zwei Big Mac Menüs leisten. Das klingt doch toll (Ironie off…)

Bei 75€ monatlicher Zusatzrente und einer Inflation von 2% sind es 25,47€. Das reicht, um einmal mit der Familie im Monat bei McDonalds für ein Mittagessen. Was sich schön anhört, entpuppt sich schnell als Rohrkrepierer. Nicht anders sieht dies bei höheren Beträgen aus, wie ich in der nachfolgenden Grafik zeigen werde.

100 €	Inflation 1%	Inflation 2%	Inflation 3%
Laufzeit			
25 Jahre	58,48 €	45,71 €	35,82 €
30 Jahre	55,64 €	41,40 €	30,90 €
40 Jahre	50,37 €	33,96 €	22,99 €

200 €	Inflation 1%	Inflation 2%	Inflation 3%
Laufzeit			
25 Jahre	116,96 €	91,42 €	71,64 €
30 Jahre	111,28 €	82,80 €	61,80 €
40 Jahre	100,74 €	67,92 €	45,98 €

250 €	Inflation 1%	Inflation 2%	Inflation 3%
Laufzeit			
25 Jahre	146,20 €	114,28 €	89,55 €
30 Jahre	139,10 €	103,50 €	77,25 €
40 Jahre	125,93 €	84,90 €	57,48 €

Abbildung 7: Entwicklung der Kaufkraft mit 100, 200 und 250€

Bei 100€ monatlicher Zusatzrente wie im Vertrag angegeben ist, kann ich mir nach 40 Jahren und einer unterstellten Inflation von 2% einmal im Monat ein Restaurantbesuch leisten. Mit 33,96€ kann man sich ein wenig leisten. Trinkgeld kann ich dabei nicht viel geben und drei Gänge fallen leider auch flach.

Bei 200 Euro zusätzlicher Versorgung aus der Riesterrente könnte ich mir nach 40 Jahren und 2% Inflation dann doch mal ein schönes Essen mit Frau leisten. Für die gehobene Küche reicht dieser Betrag von 67,92€ aber auch nicht aus.

250 Euro Zusatzversorgung klingen auf Anhieb ja ganz toll. Das böse Erwachen kommt aber, wenn man die Kaufkraft in die Zukunft projiziert. Es bleiben am Schluss 84,90€ übrig. Dies reicht nicht mal annähernd für einen Familienausflug in den Europa Park in Rust, geschweige denn in den Holiday Park. Ein Familienessen beim Italiener zu viert ist einmal im Monat drin. Mehr aber nicht.

23   Dank!

Mein erster Dank geht an meine verständnisvolle und tolle Frau, die in den letzten Monaten des Öfteren auf mich verzichten musste. Mein zweiter Dank geht an meinen kleinen Zwerg, für den ich auch jetzt wieder mehr Zeit habe. Bei diesem Buchprojekt wurde ich beraten von Mr. Blacksuit (man ahnt es kaum, er will unerkannt bleiben!), der auch wieder einen phantastischen Prolog geschrieben hat. Auch möchte ich Andreas D. (Dortmund) für seine Arbeit als finaler Testleser, sowie für seine stabile Freundschaft danken.

Natürlich auch den Menschen hinter team abk & friends, sowie besonders Mareike und Jochen (team d`dorf) für ihre Kritik & kreativen Einwürfe und Vorschläge.

Selbstverständlich auch an Frau RA_in Weglarz-Mond aus Annaberg-Buchholz für ihre Antworten und Unterstützung.

Fast am Ende danke ich meiner Schwester, Jasmin M., die einfach so ist, wie sie ist.

Ohne amazon.com wäre dieses Buch nur in zensierter & langweiliger Form beim Verlag XYZ erschienen, Ihr seid toll und verändert alles.

24 Leak laut: de.wikipedia.org (abgerufen am 16.06.2016)

Der Begriff **Leak** (englisch für Leck, Loch, undichte Stelle) bezeichnet im deutschsprachigen Raum die inoffizielle Veröffentlichung von Informationen, die nicht zu diesem Zweck vorgesehen waren.

Dies können interne Dokumente von Firmen, geheime Verträge, vertrauliche Verhandlungspapiere oder Ähnliches sein. Im Speziellen wird der Begriff für das Veröffentlichen von Vorabversionen

(meist Alpha – oder Betaversionen) von Computerspielen oder anderer Software verwendet, die oftmals ohne Einverständnis des Entwicklers im Internet veröffentlicht werden. Leaks können aufgrund der Unfertigkeit instabil und fehlerhaft sein. Auch in der Musik sind häufig Veröffentlichungen im Internet verfügbar, bevor sie offiziell im Handel erscheinen.

25   Ein völlig normales Glossar!

Bankster = Ein Angestellter bei der Bank, welcher sich als Hip in seinem Anzug vorkommt, letztendlich aber die Kunden eiskalt übers Ohr haut und keinerlei Gewissensbisse dabei empfindet.

ETF = Ein Bündel von Aktien, welches einen Index abbildet. Beispielsweise befinden sich im DAX ETF die 30 größten Unternehmen Deutschlands wieder. Eine lukrative Form für den Vermögensaufbau mit Aktien.

Strukki = Umgangsjargon für Strukturvertrieb. Hier wird eine Armada von Vertriebsleuten auf die Jagd geschickt, um Abschlüsse für ein Produkt etc. zu generieren. Hier wird alles nur anhand von Umsatz und Provisionen gemessen.

Kickbacks = Das sind Provisionen, die die Fondsgesellschaft des auflegenden Fonds an die Bank zahlt, damit sie einen Anreiz hat, den Fonds zu vertreiben. In der Regel bewegen sich die Kosten zwischen 0,2-0,6%. Bei entsprechendem Volumen sehr happig.

TER = Ist die Total Expense Ratio. Auf gut deutsch, die Gesamtkostenquote. Diese ist vor allem bei Fonds eine gängige Kennzahl, an der man die Kosten festmachen kann. In der Regel bewegen sich diese um die 2%. Abweichungen nach oben oder unten sind natürlich möglich. Trotzdem umfasst die Kennzahl nicht gänzlich alle Kosten eines Fonds. Weitere Kosten wie beispielsweise die Performance Fee sind durchaus möglich. Also Obacht!!

Schlipswichtel = Auch Türklinkenputzer oder einfach nur Vertriebsmitarbeiter im Anzug genannt. Er soll möglichst viele Verträge abschließen. Darum braucht er eine Krawatte, um einen kompetenten Eindruck zu erwecken.

Ausgabeaufschlag = Ein Aufschlag der Bank, eines anderen

Finanzdienstleistungsinstitut oder einer Versicherung, welche häufig beim Verkauf von Fonds dem Kunden in Rechnung gestellt wird, aber klammheimlich. Beispiel: Fondskauf mit 10.000€ mit 5% Ausgabeaufschlag, was ein gängiger Wert ist. Ergo fallen 500€ an Kosten vorab an. Weitere Kosten wie TER sind dabei nicht miteingerechnet.

3 Topf Hybridmodell = Eine Fondspolice, bei der die Verteilung des Sparbetrags auf drei verschiedene Töpfe stattfindet. In Fonds, Deckungsstock und Wertsicherungsfonds.

Weicher Rentengarantiefaktor = Hier kann der Versicherer die garantierte Rentenleistung nach unten korrigieren, aufgrund der Anpassung an die Marktgegebenheiten wie beispielsweise die neuen Sterbetafeln etc.

Harter Rentengarantiefaktor = Hier wird der garantierte und im Vertrag festgestellte Betrag auch zum Renteneintritt garantiert und gezahlt. Wie wir in Kapitel 22 bereits mit Grauen durchexerziert haben.

www.ingramcontent.com/pod-product-compliance
Lightning Source LLC
Chambersburg PA
CBHW070247190526
45169CB00001B/327